GIOVANNI D'AGOSTINI

# Psicologia dell' ADOLESCENZA

## lo scontro vitale genitori e figli, l'amore adulto, la libertà e il dovere di crescere



DEMETRA

*Realizzazione a cura di* EBLA Studio Editoriale (Vr)
*Foto di copertina:* Arc-en-ciel (Vr)
Illustrazioni di *Costantina Fiorini*

**PSICOLOGIA DELL'ADOLESCENZA**
1ª edizione giugno 1999

Via Strà, 167 - S.S. 11
37030 Colognola ai Colli (VR)
Tel. 045 6174111 - Fax 045 6174100

# SOMMARIO

Giovanni D'Agostini vive a Verona e lavora in qualità di dirigente medico di primo livello, responsabile di modulo organizzativo, presso il dipartimento di Psichiatria dell'ASL n.22 della Regione Veneto - Bussolengo (Verona).
Psicoterapeuta individuale e di gruppo, è specializzato in Neurologia e Psichiatria. Il suo lavoro ospedaliero è rivolto anche all'intervento sociale sul territorio e alla riabilitazione.
Da anni si occupa della didattica e della formazione degli operatori sanitari.
Per Demetra ha già pubblicato *Depressione, malinconia, mania, Occhi limpidi e curiosi: dalla depressione al benessere, Psicologia del manager.*

I grafici riportati alle pagine 32-33 sono ripresi da R. Canestrari, Psicologia generale e dello sviluppo, Editrice Clueb, Bologna 1984

**L'Autore sarà lieto di ricevere osservazioni, critiche e opinioni di ragazzi e genitori che, letto il libro, vorranno indirizzarle a**

**Demetra, via Strà, 167 - Colognola ai Colli (Vr)**

# INTRODUZIONE

I figli adolescenti ci obbligano a guardarci allo specchio, ci mettono alle corde, ci usano per crescere. Girare loro le spalle, eludere le sfide, fingere che siano già adulti, e con questa scusa non occuparsene, forse può consentirci di vivere più tranquilli... per un po'. Poi, inesorabilmente, tutti i nodi vengono al pettine, e sarà tardi per riprendere il controllo della situazione.
**Stargli accanto è un po' rivivere la nostra adolescenza, ma non è mai facile ricordarla:** probabilmente temiamo di percepirne di nuovo le ansie e i drammi; anche i momenti di felicità, che ci ritornano spontaneamente, sembrano rari e isolati, magici come cime di montagne uscite da un mare di nebbia.
Parliamo di adolescenza normale, di ragazzi come tanti, della maggioranza che andrà a costituire gli adulti normali. Normali, ma più o meno felici e contenti di sé, ed è appunto da come affrontano e superano l'adolescenza che prenderanno il giusto slancio per una vita adulta che soddisfi i loro desideri.
**Essere adulti più o meno felici dipende molto da come nell'adolescenza siamo riusciti a impostare il nostro ruolo fra gli altri, nel mondo**, da come viviamo l'amor proprio, dalla serenità nei rapporti, dalla cultura, dalle capacità pratiche, dal desiderio e dalle possibilità di affermazione.
L'adolescenza è forse il periodo della vita più ricco di emozioni, è un periodo bellissimo, anche se sicuramente non pieno di felicità. In questi anni siamo invasi da una enorme quantità di esperienze, in parte quelle stesse esperienze dell'infanzia, di affetti, di giochi, di nostalgie: spezzettate e frullate le ripeschiamo dal bagaglio della no-

stra esperienza e le viviamo di nuovo con un sentimento diverso. A undici-quattordici anni nasce e si sente lievitare dentro quella particolare coscienza del nostro esistere, la coscienza che ci siamo anche noi in questo mondo. Sono le nuove esperienze, affrontate ora con prorompente vitalità, ma anche con quel nuovo modo, che sappiamo così nostro, di soffrire e gioire, che ci entrano dentro e si fissano profondamente nell'anima e nella mente.

Questo sentimento di essere parte del mondo che vive, che corre, che si ferma, che pensa, che soffre, che gioisce è continuamente, tumultuosamente arricchito. **È una grande, unica, magnifica, difficile avventura durante la quale è bello pensare che tutto possa accadere, è bello pensare di potere e dovere avere il mondo nelle nostre mani**. Se ci guardiamo indietro, e ripensiamo alla nostra avventura, ci accorgeremo che è stata irripetibile e unica per noi; se però osserviamo quelle di tanti adolescenti, anche nostri amici, diventati adulti, ci appariranno nell'insieme assai meno trasgressive di quello che pensavamo, e sostanzialmente simili fra loro anche nei sentimenti che le hanno animate: adolescenze, tutto sommato, conformisticamente tese a produrre persone mature. Oggi ne rimane solo un ricordo nella mente di persone adulte. A loro però, agli adolescenti, non dobbiamo dirlo, dobbiamo lasciarli nella convinzione della loro originalità, perché la magnifica esperienza possa portare a termine il suo compito, e possano pensare di avere conquistato con le loro forze, decidendo loro, un ruolo significativo, un ruolo di adulto in questo mondo.

Possiamo quindi pensare agli adolescenti come a un gruppo in cerca di un proprio ruolo nel mondo, un ruolo che gli altri rispettino; un piccolo gruppo di uomini sempre per strada, anzi, un gruppo turbolento di piccoli uomini nel guado: uno dopo l'altro stanno lasciandosi alle spalle la riva ingenua e pulita dell'infanzia per cercare di approdare all'altra bella, sicura e forte della maturità. Non vogliono sapere che più in là il terreno diventerà sempre più difficile, ma, anche se lo sanno, una forza ineluttabile li spinge ad andare avanti. Il guado è difficile e molti rallentano, alcuni non riusciranno mai a superarlo.

Sull'altra riva i genitori, la società cercano di guidarli, di aiutarli, ma spesso, troppo spesso non sanno che fare o, senza rendersene conto, li aiutano solo a restare là, a mezzo guado, tristi e arrabbiati.
I suggerimenti agli uni e agli altri servono poco se non comprendiamo cosa ci sta succedendo.
Le pagine che seguiranno vogliono essere appunto una chiave di comprensione semplice e lineare, un motivo per porsi delle domande e trovare le risposte che a ognuno di noi sembrano le più opportune. Suggerimenti sparsi qua e là comunque ce ne sono, ma solo come invito a meditare. Esistono già tante difficoltà nella vita quotidiana che adattarsi a seguire nuove indicazioni può apparire solo un ulteriore aggravio di compiti. Più facile è probabilmente rinunciare per un po' a tutte quelle idee che ci siamo costruiti rispettivamente sui genitori o sui figli. Dovremo cercare pagina dopo pagina di lasciarci portare a riflettere su cose che magari sapevamo già, ma sulle quali non ci eravamo soffermati, e anche a cercare di riflettere sulle cose nuove, che potranno non corrispondere al nostro modo di vedere.
**Se riusciamo a rinunciare alle nostre presunzioni e lasciamo che le nostre certezze se ne restino per qualche tempo in soffitta forse troveremo, figli da un lato, genitori dall'altro, un modo più utile e redditizio di spendere le nostre energie.**
Nel testo non sono riportati termini tecnici né riferimenti bibliografici: lo scopo è di mantenere scorrevole la lettura con l'intento e la speranza di consentire a ognuno di trovare parti in cui identificarsi e viverle da dentro.

# ADOLESCENZA IERI E OGGI: NOI E I NOSTRI RAGAZZI

L'adolescenza è scoppiata, scoppiata come problema, nel mondo moderno, anzi, di pari passo con il progredire della società industriale. **Adolescenza significa età in cui si cresce e ci si rafforza per diventare uomini adulti**. In tali termini una volta, anche solo un secolo fa, l'adolescenza non esisteva o per lo meno indicava un brevissimo periodo della vita: i bambini improvvisamente dovevano fare gli adulti, la fine dell'infanzia coincideva con il lavoro e la necessità di diventare a pieno titolo attivi produttori del benessere della famiglia. Considerati di fatto adulti già a dieci, dodici anni, dovevano contribuire fattivamente al mantenimento della famiglia, e non essere più solo "bocche da sfamare".

L'adolescenza era un periodo della vita consentito a pochi ragazzi ricchi che, anche negli anni successivi alla scolarizzazione di base, continuavano a essere mantenuti dalla famiglia. Anche oggi nelle popolazioni meno ricche, per esempio in molte di quelle del terzo mondo, la situazione è analoga: moltissimi bambini devono imparare molto presto a essere uomini e, per loro, quello che noi abbiamo il lusso di poter chiamare il lungo periodo dell'adolescenza è ridotto a un breve attimo, un breve tuffo nel vuoto, poi, subito a guadagnarsi e difendere il proprio posto nel mondo.
Negli ultimi decenni lo sviluppo della cultura sociale, l'aumento del benessere, l'istituzione dell'uso delle pensioni e quel grande paracadute che è la struttura socioassistenziale dello stato ci hanno di fatto

reso autonomi... ne siamo tutti convinti. Sbagliamo, e **nella nostra presuntuosa illusione pensiamo che i figli con la nostra vecchiaia c'entrino poco**; pensiamo, diversamente da chi ci ha preceduto, di non doverci più preoccupare di fare figli per garantirci la vecchiaia. Non solo, ma ormai riteniamo non necessario, inutile, il contributo dei figli al mantenimento della famiglia: si è così modificato profondamente il significato dei figli all'interno del nucleo d'origine: volendo se ne può fare a meno, o se ne può fare uno solo, due al massimo. Chi ne ha tanti, e oggi in Italia le famiglie numerose sono una rarità, sembra ai più un incosciente, magari con fede religiosa, ma sempre un incosciente che rinuncia a godersi la vita, o un ricchissimo che se li può anche permettere.
**I figli sono diventati un costo economico per la famiglia, un problema morale per chi pensa che questa società non consentirà loro un buon vivere**. A noi, la maggioranza che ancora decide di averne, viene rimproverato di attribuire al loro esistere il senso di realizzazione dei nostri desideri, anche d'amore, dimenticando quello, più concreto e qualificante, di elemento fondamentale e portante della famiglia, dimenticando di avere dato origine a nuove "persone".

Il modo di stare in famiglia dei figli in generale e degli adolescenti in particolare risente inoltre anche del fatto che la società odierna esige ormai dai ragazzi un buon livello di conoscenze per poter offrire loro possibilità di lavoro. **Il tempo dello studio tende così ad allungarsi** continuamente sia come ore impegnate per giorno, sia come anni di vita impiegati ad apprendere. Vediamo gli attuali studenti, delle elementari, delle medie, delle superiori o già all'università costretti nello studio per ore ed ore, mediamente ben più di quanto le generazioni precedenti, anche solo di dieci anni prima, lo fossero. E **lo studio, è sempre bene ricordarlo, è senza dubbio il lavoro più faticoso**: far lavorare la mente, mandare a memoria, ragionare, comprendere costa fatica, molta fatica. Spesso i genitori, soprattutto se non hanno studiato, stentano a capire. Lo sanno bene,

invece, tutti coloro che, dopo aver interrotto gli studi, poi, a venticinque anni o giù di lì, hanno deciso di riprendere, alle serali, magari lavorando di giorno e rimproverando i genitori di non essere stati abbastanza severi con loro dieci anni prima.
Ma studiare significa anche non guadagnarsi concretamente da vivere, dipendere ed essere soggetti agli umori di casa senza avere in mano qualcosa di concreto con cui potersi far rispettare. E anche quando si lavora e, a quindici, vent'anni, si porta a casa lo stipendio, questo è spesso valutato con sentimenti opposti: più che una conquista può diventare il segno di una sconfitta, del non aver soddisfatto le speranze dei genitori, o aver dovuto rinunciare a competere con gli amici, quelli che hanno continuato a studiare.

Ovunque si volga lo sguardo **compaiono dunque delle difficoltà come se, nella nostra società, fosse stato deciso a priori che è impossibile attraversare un'adolescenza tranquilla**. E dire che invece la natura, approfittando del benessere di cui godiamo e delle buone possibilità di nutrire e curare il nostro corpo, ci sta facendo anticipare l'età della maturazione sessuale sia nei maschi che nelle femmine: nelle donne, dove il dato è più evidente, l'età delle prime mestruazioni è scesa mediamente nella nostra popolazione dai quattordici anni abbondanti di inizio secolo agli attuali dodici. E la tendenza è ancora ad anticipare. Inoltre, assieme alla precocità della maturazione sessuale, lo studio, la pressione dei mass media, gli stimoli che nella società attuale agiscono sul cervello, portano a sviluppare sempre più precocemente le capacità intellettive.
Si apre allora una forbice, uno spazio che una volta non c'era o era molto ristretto, fra un'età di maturazione sessuale e intellettiva più precoce, che presuppone la possibilità di una crescita psicologica anticipata, e la società che con le sue leggi economiche ed educazionali, col suo trattenerci studenti per anni, ci porta ineluttabilmente a ritardare l'età della conquista di un ruolo sociale autorevole, indipendente e stabile.

**Oggi questo "spazio adolescenza" tra infanzia e maturità si stabilisce per convenzione fra gli undici-dodici e i diciotto-venti anni, ma in molti casi si prolunga ben oltre**. Si prolunga molto spesso, purtroppo, oltre il periodo della esuberante vitalità giovanile, fino ad arrivare all'epoca in cui ci si ritrova razionali e di buon senso; ottime qualità, ma che non ci permettono più di completare la nostra adolescenza. Vediamo i nostri figli allora rimanere in mezzo al guado, mezzi uomini e mezzi adolescenti, senza avere la possibiltà di capire di chi sia la responsabilità di tutto ciò: certo non loro, certo non nostra... ma di chi?!

Le responsabilità, si sa, non sono mai da una parte sola, e allora è bene cercare di capire le nostre e quelle degli altri col fine di permettere all'adolescenza di portare a termine il suo compito nei tempi naturali. **Riconoscersi comunque parte in causa - sia che siamo ragazzi, o genitori, o nonni, o amici - è il primo passo per poter trarre qualcosa dalla lettura delle prossime pagine**. Non ci si può peraltro riconoscere in tutto, tante sono le variabili di percorso in questo periodo di vita. Mentre l'infanzia segue una traccia di sviluppo normale molto simile per tutti, nell'adolescenza le cose si complicano e ci si trova di fronte a una grande varietà di esperienze e comportamenti. Le stesse spiegazioni che nel tempo sono state elaborate da tanti studiosi devono continuamente essere riviste e aggiornate, perché l'esperienza di tutti i giorni le contraddice: questo è anche il frutto dell'epoca di veloci trasformazioni che stiamo vivendo e che porta in continuazione ad adottare nuovi modelli di comportamento e nuovi modi di adattarsi a ciò che la società ci impone.

# ARRIVARE NEL MODO MIGLIORE ALLE SOGLIE DELL'ADOLESCENZA

Adolescenza deriva dal latino *adolescere* che significa "crescere, rafforzarsi". In verità è un periodo di enorme instabilità emotiva e comportamentale, e pertanto caratterizzato da grande fragilità. In esso è possibile ogni tipo di comportamento, come se, in questo periodo, fosse disperatamente consentito pescare a caso nel grande caos di tutte le azioni umane possibili e provare e riprovare alla ricerca di quelle più vantaggiose.
**Ma perché dopo l'infanzia tranquilla trascorsa al riparo della famiglia ci capita un periodo così burrascoso?** E poi tanti anni dopo lo ricorderemo per le emozioni e le conquiste, e faremo fatica a ricordarci delle sofferenze, dei drammi, della rabbia, della paura, delle sconfitte; è come se tutti questi problemi fossero stati solo l'acqua necessaria al cemento del nostro edificio per divenire solido, acqua che poi è evaporata e di cui rimane solo la traccia, spesso dolorosa, di un ricordo rimosso in qualche angolo sperduto della nostra mente.

Prima dell'adolescenza c'è l'infanzia e in essa giacciono le sue radici: **una buona infanzia ci rende in grado di affrontare nel migliore dei modi il passaggio successivo. Ma che cosa è una buona infanzia?** Una buona infanzia è quella che ci permetterà di affrontare l'adolescenza con sufficiente esperienza e salde certezze interiori che ci proteggano da eccessivi sbandamenti. Durante tutta la nostra vita impariamo e cambiamo continuamente. Ogni giorno, ogni attimo siamo già diversi da come eravamo un attimo prima. Apprendiamo nuove cose e ne tralasciamo altre vecchie, e questo continuo essere in movimento ci cambia e ci impedisce di fatto la possibilità di rivivere i momenti passati con le stesse emozioni di quel tempo. Questo continuo movimento è la crescita, crescita che andrà avanti per tutta la vita fino alla vecchiaia.

Possiamo allora paragonare la nostra vita a una scala: ogni gradino corrisponde a qualcosa da affrontare e da superare e nello stesso tempo al raggiungimento di un più maturo modo di essere. In ogni gradino di questa scala della vita troviamo qualcosa da prendere, da conquistare, da fare nostro, da riporre nel bagaglio delle nostre capacità.

Ogni cosa che acquisiamo ci costringe però a lasciarne qualche altra, perché con tutto il fardello saremmo troppo pesanti e non riusciremmo più a salire. **Così in tutta la vita siamo costretti, per acquisire nuove esperienze e modi di essere, ad abbandonare quelli vecchi che fino allora ci avevano protetto e nei quali avevamo tanta fiducia**.

La vita ci obbliga ad abbandonare le nostre copertine di Linus per cercarcene sempre di nuove, probabilmente più robuste e sicure, ma i gradini sui quali ce le farà trovare possono essere molto alti. E non è sempre la nostra incapacità che ce li fa vedere così alti: spesso sono il mondo, la famiglia, gli amici, il lavoro, lo studio che li rendono così lontani, così alti; possiamo allora trovarci costretti a tentare salite con l'intima certezza di non riuscire.

Lo spirito dell'avventuriero senza paura che va sempre avanti e mai si guarda indietro dovrebbe essere quello che ci anima sempre, ma non è così.

**Poter capire cosa ci rende la vita difficile è importante per metterci in condizione di affrontare con serenità i nostri gradini**.

☆ ☆ ☆

Nella vita i gradini principali, per meglio dire i pianerottoli, corrispondono alle tappe evolutive.
Le teorie evolutive descrivono l'uomo come un essere che deve affrontare tappe di cambiamento lungo tutto il corso della vita, dall'infanzia alla vecchiaia. Queste tappe evolutive sono disposte una dopo l'altra, e per affrontare quella successiva occorre aver superato la precedente.

Possiamo distinguere diverse successioni di tappe evolutive, cioè diverse linee evolutive: per la crescita e l'invecchiamento del corpo, per la capacità di utilizzare l'intelligenza, per la maturazione e i successivi adattamenti della personalità, per la costruzione di un codice morale interiore, per la capacità di socializzazione, per l'acquisizione culturale.
Queste linee evolutive si sviluppano insieme, ma si intrecciano in modo caratteristico, determinando per ognuno di noi, lungo tutta la vita, un modo personale di essere. Genetica, fisiologia, psicologia, sociologia sono le scienze che più delle altre hanno contribuito a chiarire i cambiamenti a cui l'uomo normale va incontro nelle varie epoche della vita.
La conoscenza di queste teorie evolutive nelle quali è facile ritrovarsi ci obbliga a renderci conto di quanto tutti noi siamo uguali, e può sconfortarci scoprire che le nostre originalità non sono poi tali. **D'altro canto è importante sapere che quello che nella vita ci capita o ci è capitato non è poi così diverso da quello che tanti altri hanno vissuto, vivono e vivranno**. Questo ci può evitare errori di sotto o sopravvalutazione delle difficoltà, o la presunzione di essere i soli al mondo a trovarsi in certi guai.

Anche i genitori che vogliono aiutare i figli a crescere possono utilizzare questo modo di vedere la vita per capire che, per diventare adulti, bisogna superare un determinato dislivello, e che per poterlo fare occorre che i gradini siano alti sì, ma sempre superabili; occorre

anche però che non siano troppo bassi, cioè facili, perché in tal modo si sale troppo lentamente e non si raggiungono i pianerottoli, cioè le tappe evolutive, nei tempi opportuni.
Già durante i nostri primi anni di vita, infatti, collaudiamo e impariamo a usare il nostro corpo, i nostri sensi, il nostro cervello e i nostri sentimenti. La spinta a crescere ci porta a sperimentare e rischiare: compito dei genitori è di lasciarcelo fare, anzi stimolarci a farlo bene, ma proteggendoci dai rischi eccessivi, dalle sofferenze che non potremo sopportare positivamente, cioè traendone un insegnamento. **Per i genitori non è facile affidarsi soprattutto all'istinto per trovare la giusta misura fra la preoccupazione di proteggere, stimolata anche dai continui messaggi terroristici di stampa, radio e televisione, e la necessità di consentire di fare esperienza per crescere**.

I bambini sono però in grado di adattarsi a tutto e sopravvivere senza accusare apparentemente danni in conseguenza delle cattive esperienze, delle tensioni familiari, delle separazioni, degli abbandoni, delle violenze. In verità spesso i risultati li vedremo più avanti, forse proprio nell'adolescenza, quando ripescheranno dal patrimonio di esperienze e comportamenti dell'infanzia per trovare le dritte per affrontare il mondo. Da questo punto di vista si potrebbe dire che a dieci-dodici anni è già tutto fatto, e si è già forzatamente quelli che poi si sarà.
Ma allora, si dirà, quando il figlio arriva alle soglie dell'adolescenza i genitori hanno terminato il loro compito e non occorre più preoccuparsi di niente? In effetti **se il compito dei genitori durante l'infanzia è di modellare i loro figli, durante l'adolescenza è solo quello di cercare di tenerli sulla retta via, fidandosi, se possono, di come li hanno costruiti negli anni precedenti**. Tenerli sulla retta via però non è così facile, e richiede spesso l'altruistica capacità di sopportare di soffrire per loro, al posto loro, capacità che spesso o è eccessiva o, al contrario, può anche non venire così spontanea.

## PRIMA DELL'ADOLESCENZA

A questo punto è necessario dare un'occhiata a cosa ci succede dalla nascita all'adolescenza.
Il primo gradino della nostra vita corrisponde al momento della nascita, quando, rotta la tranquilla protezione dell'utero, dobbiamo adattarci a respirare, a sentire freddo, a muoverci senza gli impedimenti dei confini ristretti del ventre materno.
L'esperienza ci conferma che, quando nasce, il bambino non distingue il mondo esterno – cioè il mondo che noi vediamo, sentiamo, percepiamo – come separato da se stesso. Per lui esiste solo un microcosmo che vive come un tutt'uno con sé: lui e il mondo sono la stessa cosa.
Questo microcosmo comincia ad ampliarsi già nei primi giorni di vita, quando dentro il suo orizzonte vengono compresi l'odore del latte, il seno, le braccia, e più avanti il volto della mamma o di chi si occupa di lui.
Queste modificazioni comportano però anche la messa in crisi dell'equilibrio e della sicurezza di questo suo piccolo mondo esclusivo. Il contatto morbido e protettivo con la madre permette di affrontare positivamente questa prima prova di vita: il latte della mamma che il bambino succhia è la prima cosa buona che coglie dal mondo. È anche la prima comunicazione positiva col mondo e il latte, o meglio il cibo, rimarrà per tutta la vita un modo importante per comunicare i propri bisogni o le proprie soddisfazioni, soprattutto, ma non solo, con la madre.
In questo periodo dunque la principale fonte di benessere, cioè di gratificazione, viene dal nutrirsi, dal sentire i sapori attraverso la sensibilità gustativa, la bocca, e nel sentire la pancia piena.

Successivamente, man mano che fa esperienza, il bambino si accorge che la mamma "buona" che gli dà il latte, cioè gli dà il benessere e lo accudisce, è la stessa persona "cattiva" che con le sue assenze lo

fa star male. A questo punto riversare col pianto i propri disagi interiori sulla mamma diviene pericoloso: il bambino ha paura che questo possa allontanare, distruggere, e quindi fargli perdere colei che gli permette di soddisfare la sua necessità di stare bene e che lui sente di amare. Può, al contrario, scegliere di tenersi dentro il malessere e soffrire al posto della mamma.
**È questo il primo momento in cui si può dire che il bambino sta imparando a pensare e a scegliere di soffrire per e in attesa di qualcosa di buono che verrà**. È una tappa obbligata della crescita emotiva che si instaura precocemente, già dopo i primissimi mesi, e dal cui buon superamento dipende molta parte della vita emotiva seguente e quella capacità di sopportare che sarà così determinante per superare bene i drammi dell'adolescenza e comunque, in generale, nel permettere una buona qualità di vita.

Perché un bambino cresca emotivamente e impari come stare al mondo deve vivere queste prime esperienze, e se accade che dimostri di soffrire non è detto che stia necessariamente facendo una cattiva esperienza. Per esempio, è necessario che il bambino pianga per poter imparare a smettere di piangere.
Le esperienze devono però anche essere sempre tollerabili, proprio perché l'essere umano deve imparare che il dolore è affrontabile e superabile.

☆ ☆ ☆

**Successivamente il bambino si accorge del piacere della cacca**: si accorge cioè che può trarre piacere anche dal trattenere o dall'espellere urine e feci. Si accorge che il controllo di queste funzioni è fonte di soddisfazione e sposta l'interesse dalla bocca alle funzioni evacuative.
Tutto ciò trova riscontro anche nell'approvazione e disapprovazione di mamma e papà, che potranno quindi utilizzare il fatto che il bambino abbia scoperto questa nuova fonte di piacere, questo nuo-

vo interesse, per educarlo al controllo cosciente. La bocca e il controllo evacuativo come fonti di piacere sono di fatto le prime tappe dell'esperienza sessuale dell'individuo: perché vengano vissute positivamente e possano essere ben superate è importante il modo in cui si comporta la mamma.

**Aver avuto una buona madre significa aver avuto una madre che c'era ed era emotivamente disponibile, e che progressivamente ci ha permesso di fare al momento giusto le esperienze necessarie alla crescita, man mano che eravamo in grado di sopportarle.**
Anche il padre è a questo punto coinvolto, prima attraverso la madre, successivamente, man mano che entra nell'orizzonte del mondo del bambino, anche in prima persona.
Poi il piccolo imparerà a mettersi in relazione emotiva con fratelli e sorelle, con i nonni e con i coetanei. **Ogni relazione nuova è un rischio, ma anche una prova il cui buon superamento rinforza la sicurezza interiore** e la capacità del bambino di restare tranquillo lontano dalla mamma, allentando progressivamente lo stretto legame originario. Ogni inciampo o delusione che superi le sue capacità di tolleranza lo riportano indietro nelle braccia della mamma o, ancor più, nella situazione di chiusura nei confronti del mondo troppo cattivo per lui.

☆ ☆ ☆

Anche a questo punto è però difficile che i genitori siano disposti a capire che i problemi del bambino dipendono sicuramente e in gran parte da cosa succede in casa. **L'abitudine a considerare la malattia come un problema esclusivo di chi ce l'ha diventa un modo di difendersi dalla paura di vedersi attribuire la responsabilità del malessere di nostro figlio**.

Oggi sembra irrinunciabile il diritto di esprimersi e agire seguendo l'idea che dobbiamo cogliere dalla vita il meglio per noi stessi, co-

gliere i nostri, dovuti, attimi fuggenti. Non siamo molto disposti ad accettare, a meno di non esserne costretti, obblighi e imposizioni.
Di questa morale di vita rischiano di fare le spese proprio i bambini che spesso, pur amati, non riescono a essere pensati come individui che possono soffrire psicologicamente, ma solo come piccoli meccanismi, automi per i quali una manutenzione periodica, la spesa del tagliando, è più che sufficiente.
L'idea che i soldi possano sostituire la presenza fisica, mentale ed emotiva può essere convalidata, purtroppo, dalle enormi capacità di adattamento dei bambini, che si adeguano. Riescono così a trovare delle soluzioni per sopravvivere e sembrano risolvere i loro, ma sarebbe meglio dire i nostri, problemi.

Ciò di cui non si tiene conto è che in questi casi facciamo come le cicale, e siamo soddisfatti della accettabile soluzione immediata del problema, del momento depressivo o del momento di inquietudine. **Non ci preoccupiamo del fatto che, da adulto, i sentimenti del bambino e i suoi comportamenti risentiranno sicuramente, automaticamente e spesso in modo anche amplificato, delle scelte che lo abbiamo obbligato a fare da bambino**.
Questo è tanto più vero quanto più precocemente sono avvenute le esperienze traumatiche, le cattive esperienze di rapporto col mondo. Non è azzardato affermare che un uomo si fa nei primi sei mesi di vita, e che successivamente le possibilità di cambiare, correggere, modificare il modo di reagire a ciò che gli succede attorno diminuiscono progressivamente e ineluttabilmente: il nocciolo duro della nostra personalità ce lo siamo, o meglio ce lo hanno, costruito quando ancora non riuscivamo a camminare da soli.

☆ ☆ ☆

**Dopo i due anni, progressivamente, e fino circa al termine della scuola materna, la principale fonte di piacere si sposta dal controllo della cacca alla stimolazione dei propri genitali**.

In questo stesso periodo, più esattamente dai tre ai sei anni, il bambino comincia a guardarsi attorno con particolare curiosità e scopre gli altri; fra questi il papà, che aveva già iniziato a conoscere e a cui vuole già bene, ha una particolare caratteristica: sta anche lui con la mamma, a volte sta con la mamma al posto suo... gli ruba l'amore della mamma. Questa scoperta avviene appunto nel momento in cui il bambino è particolarmente interessato ai suoi genitali: si accorge che sono come quelli di papà, li tocca e si accorge che questo gli dà piacere.
Tutto ciò gli conferma che, essendo un maschietto, potrebbe mettersi al posto suo, e acuisce la gelosia che diventa drammaticamente rivalità nei confronti del padre; anzi, se potesse, vorrebbe proprio toglierlo di mezzo.
A questa età il bambino ha ancora molta necessità dell'affetto della mamma e vorrebbe un rapporto esclusivo con lei. Per non perdere l'affetto materno sente di dover eliminare il papà; ma papà, lui lo sente, è anche quella persona rassicurante e protettiva alla quale è pur legato da affetto profondo, e questa contraddizione lo precipita nello sconforto.

**Anche le bambine in questo periodo si interessano ai propri genitali**, e trovano così conferma di esser fatte come la mamma: per loro la situazione è emotivamente ancor più difficile, perché per conquistare l'amore del padre devono cercare di eliminare dalla competizione la mamma. Però con la mamma, durante i primi mesi di vita, hanno stabilito un indimenticabile legame affettivo e sentono di avere ancora tanto bisogno di lei.

☆ ☆ ☆

L'impossibilità di competere con il più forte genitore li costringe a rassegnarsi a sopportare il dolore della frustrazione. Trovano poi una via d'uscita identificandosi rispettivamente col padre, e imparando da lui a fare l'uomo, o con la madre, e imparando da lei a fa-

re la donna. **Questo è, in breve, ciò che va sotto il nome di conflitto edipico**, da cui deriva quel legame privilegiato figlio/madre e figlia/padre e la tensione nei confronti dei rivali dello stesso sesso.
Il conflitto edipico, pur risolto in età infantile, ritorna poi per ognuno di noi in momenti diversi della vita e in modo molto evidente durante l'adolescenza si trova all'origine di importanti turbamenti affettivi.
Da questa esperienza il bambino rafforza la sua capacità di sopportare le frustrazioni, si conferma nell'identità sessuale e inizia a seguire, osservando il genitore dello stesso sesso, il modello su cui costruire il proprio modo di stare nel mondo. **Il padre sarà invece per entrambi i sessi il riferimento principale su cui costruire i propri principi morali**.

☆ ☆ ☆

Nel periodo delle elementari i bambini iniziano a trovare piacere soprattutto nello stare con gli altri, in particolare con i coetanei; le vecchie fonti di gratificazione vengono ancora una volta superate dalla nuova esigenza di socializzazione.
Durante tutta l'infanzia, in tutti i momenti difficili e non solo in quelli, la necessità del bambino è di avere la sicurezza dell'affetto, la sicurezza di una famiglia stabile da sentire dietro le spalle come qualcosa che lo sostiene e gli permette di reggere. Poi non è così importante che come genitori facciamo sempre le scelte giuste o diamo le indicazioni giuste: **come genitori si sbaglia sempre, ma è necessario che i nostri figli possano riconoscere una coerenza e una buona intenzione nei nostri errori**, perché anche se sono errori saranno comunque un riferimento stabile, sicuro, da cui eventualmente poter anche differenziare la propria posizione.

☆ ☆ ☆

**Stiamo arrivando in quinta elementare, alle soglie dell'adolescenza**, e i nostri ragazzi hanno già superato molte difficoltà.

A circa dieci anni, se sono riusciti ad attraversare bene l'infanzia, dovrebbero avere acquisito le capacità necessarie per affrontare gli anni successivi, dovrebbero cioè aver superato tappe evolutive quali:

- ☞ avere acquisito le abilità fisiche necessarie ai giochi comuni;
- ☞ avere imparato ad avere cura di se stesso come individuo che cresce;
- ☞ avere appreso che le spinte istintive possono essere frenate;
- ☞ avere appreso che le frustrazioni possono essere sopportate;
- ☞ avere imparato a stare con i coetanei;
- ☞ avere appreso il proprio ruolo sociale di maschio o femmina;
- ☞ essere capace di leggere, scrivere, calcolare;
- ☞ avere una propria morale e una scala di valori a cui far riferimento;
- ☞ avere elaborato i concetti necessari per affrontare quotidianamente la vita;
- ☞ essere capace di buona autonomia nei comuni gesti di vita quotidiana;
- ☞ avere raggiunto una indipendenza personale coerente con l'età;
- ☞ essere in grado di esprimere una propria posizione nei confronti di istituzioni e gruppi sociali.

☆ ☆ ☆

Se ci ripensiamo, ricorderemo come per i nostri figli i primi anni delle elementari siano stati i più difficili o perché piangevano sempre, o non stavano mai fermi, o perché non riuscivano a capire, o a concentrarsi, o erano imprevedibili, o erano inattendibili, o dicevano bugie, o disobbedivano sempre, o ci costringevano a faticosi colloqui con gli insegnanti...
Adesso, non è che le cose siano tutte risolte, ma appare evidente che le nostre preoccupazioni per loro stanno attraversando un periodo di stanca.

Non è detto che tutti gli obiettivi elencati sopra siano stati raggiunti, probabilmente alcuni più, altri meno; è però necessario che i ragazzi abbiano raggiunto una buona sicurezza interiore e nei confronti dell'ambiente, e si sentano, per quello che è richiesto alla loro età, in armonia col mondo.

**È la quiete che precede la tempesta; l'adolescenza sta per scoppiare.**

# ANNI 11-14, I PRIMI PASSI NELL'ADOLESCENZA: IL CORPO E LA MENTE

## CRESCERE È BELLO

Crescere è bello. Questo concetto dovrebbe essere profondamente inserito nella mente di ogni uomo assieme alla convinzione che in ogni età è possibile trovare un modo bello e gratificante per esistere; tanto bello e gratificante da giustificare le fatiche e le ansie che il crescere si porta dietro.

Sì, **crescere è sempre faticoso, ma diviene sicuramente più difficile se siamo in grado di accorgerci, di avere coscienza delle nostre difficoltà.** La grande differenza tra infanzia e adolescenza è anche questa. Da bambini la percezione del dolore, della fatica, della propria tristezza è qualcosa a cui ci adattiamo automaticamente, ma che sentiamo esterna a noi e dalla quale pensiamo solo a difenderci. L'esigenza del bambino di avere attorno un mondo chiaro nelle sue delimitazioni, stabile, logico, coerente è il frutto della sua modalità di agire in modo semplice e diretto sulle cose concrete. La coscienza di essere parte in causa in questo mondo comincia nei pressi dell'adolescenza, quando si iniziano ad ascoltare la propria vita interiore, le proprie fantasie e i propri sogni. **In questo periodo si abbandonano le sicurezze costruite nell'infanzia per cercarne di nuove che non siano più lo specchio dell'immagine dei genitori, ma il frutto della propria originale esperienza.**

Durante questo periodo i nostri figli devono affrontare numerosi cambiamenti per conquistare quelle capacità che permetteranno loro di far fronte a quanto il mondo chiede all'adulto per consentire una buona qualità di vita. Alla fine dell'adolescenza dovranno perciò avere acquisito molte nuove capacità, avere superato molte tappe evolutive, fra le quali:

- ☞ avere stabilito rapporti nuovi e più maturi con i coetanei di entrambi i sessi;
- ☞ avere acquisito comportamenti adeguati al ruolo sessuale;
- ☞ aver accettato il proprio corpo adulto e saperlo usare in modo efficiente;
- ☞ avere raggiunto indipendenza emotiva dai genitori e dagli altri adulti;
- ☞ avere assunto la responsabilità della propria ulteriore crescita;
- ☞ avere definito un'idea di vita e un proprio ruolo nel mondo e agire coerentemente;
- ☞ essere capaci di ragionare per ipotesi e impostare le proprie attività future;
- ☞ desiderare di raggiungere un'indipendenza economica;
- ☞ desiderare di abitare fuori casa;
- ☞ avere scelto e prepararsi per un'occupazione;
- ☞ desiderare e riuscire a raggiungere un comportamento socialmente responsabile;
- ☞ avere definito il proprio sistema etico scegliendolo come guida al comportamento;
- ☞ avere conquistato la capacità matura di amare.

☆ ☆ ☆

**Raggiungere tutti o in parte questi obiettivi è comunque un salto enorme**. È una metamorfosi che ricorda quella del bruco che deve diventare farfalla, e come per il bruco una parte importante è giocata dal cambiamento dell'aspetto fisico.

## IL CORPO CHE CAMBIA

È importante iniziare dal corpo perché è il corpo, con le sue modificazioni, che fa da supporto al processo adolescenziale. A ogni età i cambiamenti del corpo si portano dietro degli adattamenti psicologici a volte difficili.
Nell'adolescente il cambiamento è grande, forse il più grande della nostra vita, e avviene nel giro di pochissimi anni. Il suo accrescimento veloce, discontinuo, ma esuberante, rompe all'improvviso l'equilibrio e l'armonia che il ragazzo aveva finalmente conquistato poco prima come bambino.
Il corpo diventa poco maneggevole, difficile da gestire, sbagliato nelle proporzioni, nella forza e complessivamente in tutto il suo modo di funzionare: detto in altri termini, non è più quello di prima, di cui si fidava e di cui conosceva bene i limiti.
**Il corpo del bambino scompare trasformandosi in qualcosa di diverso e nuovo**: questa perdita di qualcosa che aveva imparato ad amare e di cui si fidava lascia una tristezza interiore accentuata dalla scoperta che il suo nuovo corpo cambia ogni giorno: sfugge così ai suoi desideri di controllo e lo sente un po' alla volta solo come un'altra, nuova, difficoltà, come un corpo non suo, non in continuità col suo passato, estraneo.
Deve però adattarsi, e in questo sono importantissime le esperienze passate della sua storia di bambino: se ha imparato a sopportare le perdite di oggetti, di affetti, di ruoli come qualcosa di affrontabile, da cui è possibile anche trarre energie per riorganizzarsi, supererà nel migliore dei modi anche questa prova.

Il personale modo che ognuno di noi ha di immaginare il proprio corpo è anche il frutto della sua storia passata e dell'educazione che ha ricevuto: l'idea che abbiamo riguardo a come siamo fatti fisicamente ha iniziato a formarsi subito dopo la nascita, attraverso le sensazioni che la mamma ci provocava toccandoci, nutrendoci, coc-

colandoci. Abbiamo quindi imparato a comunicare la soddisfazione o l'insoddisfazione riguardo al nostro corpo attraverso i gesti, i toccamenti, i gridolini, il cibo.
Successivamente, quando abbiamo imparato a parlare e quindi a comprendere ciò che ci veniva detto, abbiamo definito meglio cosa di noi e del nostro corpo veniva approvato o disapprovato; occorre però ricordarsi sempre che le comunicazioni che avvengono attraverso il contatto corporeo, attraverso il cibo, attraverso i gesti tenderanno a restare comunque per tutta la vita più affidabili di quelle verbali. **Saremo sempre portati a diffidare più facilmente della veridicità di una parola di apprezzamento riguardo al nostro corpo, piuttosto che di uno sguardo o una carezza di medesimo significato**.
Il comportamento dei genitori che approvano o disapprovano modella dunque nel profondo e in modo difficilmente modificabile il concetto che il bambino, e poi il ragazzo, ha di sé e del proprio corpo.

In questo processo di definizione delle caratteristiche buone o cattive del proprio corpo collaborano tutte le persone che nelle varie epoche sono importanti per il bambino, e cioè genitori, fratelli, parenti, insegnanti, amici ecc., ma la possibilità di modificare l'immagine del proprio corpo come viene via via formandosi diminuisce col passare degli anni.
**In generale si può dire che i bambini di famiglie nelle quali si sono sentiti apprezzare e non è mai stata data importanza a possibili difetti fisici, e che quindi hanno comunicato di fatto una accettazione totale del loro corpo, non avranno grosse difficoltà a trovare e accettare la propria immagine fisica in adolescenza**. I bambini che, invece, hanno da sempre avvertito che il loro corpo non corrispondeva ai desideri di chi stava loro vicino possono sviluppare un penoso sentimento di difficoltà e disamore nei confronti della propria immagine fisica o di parti di essa.

Questa insicurezza di fondo rende più difficile ai nostri ragazzi l'accettazione dei cambiamenti durante l'adolescenza. **In questo periodo ormai il pensiero con cui misurare le loro caratteristiche non è più quello dei genitori, ma quello dei coetanei**: questi ragazzi si espongono e diventano perciò vulnerabili al giudizio degli altri.
Il giudizio del gruppo può allora assumere un valore tale da poter determinare problemi di immagine ben più importanti di quanto in verità siano. E se c'è chi insinua che sono alti, bassi, brutti o storti, anche se non è vero per niente, possono star male e credergli.
Se non hanno maturato precedentemente una sicura immagine di sé tenderanno allora ad accettare, senza essere capaci di difendersi, quella che ritengono essere stata attribuita loro dal gruppo. **L'immagine ideale comunicata dalla pubblicità, dai giornali, dalla televisione e i modi per raggiungerla potranno allora diventare una protezione sotto cui nascondere i difetti, una sorta di mascheramento collettivo sotto cui celare le personali difficoltà**. Così si potrebbe dire che i ragazzi che più cercano di adeguarsi ai canoni estetici dell'epoca attuale sono quelli che si sentono più insicuri nei confronti del proprio fisico. Ma il corpo ideale è impossibile da raggiungere, e quindi anche questo tentativo di trovare un modo ideale di presentarsi, corrispondente a quanto si pensa che la società richieda, si tramuta in una ennesima affannosa rincorsa, piena di tensioni e di delusioni.
Nella grande maggioranza dei casi comunque, le cose vanno bene e i ragazzi raggiungono una rassicurante immagine di se stessi: piccoli problemi relativi a una qualche caratteristica non gradita vengono superati; i veri problemi sono di quei ragazzi che si sono sentiti troppo spesso globalmente non accettati dalla famiglia, e che per fortuna non sono poi tanti.

☆ ☆ ☆

**Vediamo ora concretamente cosa cambia durante l'adolescenza.**
Il nostro corpo è formato da tanti organi. Molti di questi non sono

utilizzati in modo costante durante tutta la nostra vita, ma ci possono essere periodi in cui funzionano intensamente, altri no: i vari organi sono costituiti da cellule organizzate in tessuti, e questi tessuti si sviluppano quindi non tutti assieme, ma un po' alla volta, ora uno ora l'altro, secondo le necessità del momento che sta vivendo quel particolare individuo.
Nel periodo dell'adolescenza si assiste a un brusco sviluppo di quasi tutti i tessuti, e in particolare delle ossa, dei muscoli, di molti visceri e del sistema respiratorio. Per gli organi sessuali, oltre che a una ripresa di sviluppo, si assiste all'inizio della loro capacità di funzionare.

Molte di queste trasformazioni avvengono senza che i ragazzi se ne accorgano, altre producono un segno visibile e percettibile, determinando la necessità psicologica di porre in atto dei comportamenti, delle strategie nuove per adattarsi alla nuova situazione fisica.
**Le trasformazioni più evidenti riguardano l'altezza e il peso**. È di comune osservazione che improvvisamente un ragazzo può iniziare a crescere, un altro rimane fermo per altri due anni, un terzo prima inizia, poi si ferma, poi di nuovo riprende e supera i primi due: ognuno ha ritmi di crescita propri, in parte geneticamente determinati, in parte legati alle più o meno buone condizioni di nutrizione. Questa crescita assume inoltre un aspetto apparentemente disordinato, poiché possono crescere prima le mani, poi le gambe, poi il tronco. Se per esempio osserviamo la foto di gruppo di una classe in quarta elementare, pur con alcune diversità, tutto sommato vedremo una distribuzione delle altezze abbastanza omogenea.

Negli anni successivi, e in particolare nel periodo compreso fra i dieci-undici e i quindici-sedici anni, osserveremo aumentare le differenze sia fra i maschi e le femmine – che di solito iniziano prima a crescere in altezza – sia fra i ragazzi dello stesso sesso. A parità di età troveremo alcuni che sono ancora fisicamente bambini, altri che

sembrano già adulti. Poi, poco alla volta, verso i diciotto-vent'anni, le differenze di statura si riducono di nuovo e i più piccoli tendono a riavvicinarsi ai più alti.
**Accade quindi che in determinati periodi, in cui il ritmo di crescita diviene più intenso, ci possano essere delle differenze di altezza anche molto rilevanti rispetto ai compagni, e che questo determini forti preoccupazioni**. Tali differenze sono considerate dai ragazzi, e a volte anche da noi genitori, come definitive, e spesso condizionano precocemente l'immagine personale, al punto che, anche quando saranno ridotte o scomparse, l'esperienza potrà lasciarsi dietro convinzioni sbagliate sulle caratteristiche fisiche.

☆ ☆ ☆

**Anche il peso diventa spesso un problema**, sia come indice di maggiore o minore prestanza fisica, sia perché con l'aumento di peso possono comparire cambiamenti della silhouette dovuti ad accumuli di grasso che avvengono sempre nei posti sbagliati, dando l'impressione di ingrandire il sedere, la pancia, il viso, i fianchi, e sempre in modo imbarazzante e antiestetico. Ma mentre la statura si sviluppa al di fuori delle personali capacità di controllo, per il peso si ha l'impressione di riuscire a intervenire.

Raramente si pone il problema della dieta all'inizio dell'adolescenza: generalmente è rimandato al periodo successivo, quando cioè i ragazzi andranno alla ricerca del motivo delle loro difficoltà con gli altri e cercheranno attivamente delle soluzioni.
La dieta come risposta a queste prime modificazioni del corpo è, a questa età, spesso solo una scelta della madre, che rivivendo nella figlia i suoi antichi problemi cerca di proporle delle sue soluzioni prefabbricate. **L'aumento della fame legato alle maggiori necessità di energia per crescere viene ritenuto responsabile anche del grasso, e quindi la dieta sembra il mezzo in grado di risolvere i problemi**; ci si dimentica invece quanto sono importanti in queste

situazioni le determinazioni genetiche. La dieta può infatti dimostrarsi inefficace, ma d'altra parte anche il ritorno alla normale alimentazione può essere vissuto male, perché dà ai ragazzi l'impressione di non avere fatto abbastanza: si sentono sconfitti, hanno la sensazione di non essere a posto con la propria coscienza e si sentono in colpa.
Non solo, i dimagrimenti possono anche portarsi dietro la scoperta che quella parte del corpo così "grassa" è l'unica che non dimagrisce, anzi, la riduzione di peso può accentuarne l'evidenza, col conseguente senso di impotenza e aumento del senso di disagio. Caratteristici sono la pancia o il sedere troppo formoso delle ragazze, che conservano tenacemente le loro rotondità mentre il seno scompare: il risultato potrà essere di ancor più profondo sconforto.
**Anche per ciò che riguarda il peso, però, le disarmonie verranno attenuate al termine del processo di crescita**. Questo concetto relativo ai diversi ritmi di crescita dei tessuti dell'organismo tende a essere completamente ignorato dall'adolescente, e spesso anche dai genitori. Questo porta spesso a valutare in modo sbagliato un'apparente cattiva armonia nella crescita, considerandola l'aspetto definitivo, senza aspettare invece lo sviluppo anche delle altre parti del corpo.

☆ ☆ ☆

Oltre che per peso e statura, durante l'adolescenza si può avere uno sviluppo precoce anche di altre parti come gambe, piedi, mani, naso ecc., che creano stati di apprensione circa la normalità della propria immagine. Così, ancora, il corpo dei ragazzi può presentare in questo periodo caratteristiche ritenute sgradevoli come la pelle brutta, i brufoli, una bocca irregolare, delle labbra troppo grosse o troppo sottili, delle orecchie troppo grandi, un seno che si sviluppa più dell'altro, una voce sgraziata, una peluria eccessiva ecc. Effettivamente si possono sentire come dei mostriciattoli che non hanno più neanche l'alibi di essere piccoli!

**Da questo punto di vista gli adolescenti non hanno poi tutti i torti nel sentirsi perennemente a disagio: sanno cos'erano, ma non riescono ad avere fiducia in quello che saranno**, e intanto vedono il corpo sfuggire al loro controllo come se incombesse di giorno in giorno la possibilità, guardandosi allo specchio al mattino, di vedervi l'immagine di Mr. Hide.

☆ ☆ ☆

Proviamo ora a immedesimarci in loro. Se ci pensiamo, il problema del corpo lo abbiamo avuto tutti, chi per un motivo, chi per l'altro, anche se adesso ci sembra che per i nostri figli sia diverso. I tempi sono cambiati e i riferimenti estetici si sono modificati, ma l'essenza

### Il mio corpo cresce

Tutti i giorni a scuola; i miei compagni da qualche tempo sono strani e non mi trattano più come prima. Forse sono io che non cresco, o cresco male: ho due piedi enormi e la schiena che mi fa sempre prurito per i brufoli... mah, quella per lo meno non si vede; il naso sì che si vede, e quando arrossisco diventa ancora più sgradevole: come si fa a sopravvivere in queste condizioni? È tutto uno stress, mi sento stanco, e vorrei stare a casa. Ma qui a casa non so dove stare, ovunque mi butti poi c'è qualcuno che viene a rimproverarmi per le cose più assurde.

Ieri in palestra durante la partita a pallavolo ho sbagliato clamorosamente e sono caduto e tutti hanno riso. Mi sono sentito fuori posto, come non fossi mai stato capace di giocare, ma forse è vero, da un po' di tempo non funziono bene come prima. Mi sembra che i compagni siano tutti più forti e io mi sento un po' l'ultima ruota del carro. A casa protestano sempre e mi dicono che sono un elefante, che non sono più capace di muovermi, che devo imparare a controllarmi meglio. A me sembra di muovermi bene, anche se è vero che in mezzo agli altri non mi sento a mio agio come l'anno scorso. È meglio non dire niente, è meglio tenersi tutto dentro: anche così però sono sempre tutti lì a criticarmi, a osservarmi; mi dicono sempre che devo tenere la schiena più dritta ed evitare di camminare con le spalle curve in avanti, ma vorrei sapere cosa: glie-

del sentimento di inadeguatezza, di essere sbagliati, non a posto, è ancora molto simile a quello che provavamo noi.
Sono infinite le varianti sul modo di vedere il proprio corpo, e complicatissime le riflessioni che gli adolescenti si trovano a fare su questo argomento alla ricerca, secondo loro, di un modo di sopravvivere. La percezione dei cambiamenti fisici è diversa da quello che in realtà avviene: **i ragazzi vivono i cambiamenti come differenze fra quello che pensano sia il loro corpo e quello che pensano sia la normalità nel gruppo dei coetanei**.
Così per esempio nei maschi l'idea di avere un peso inferiore rispetto a quello ritenuto ideale è molto diffusa, anche se in realtà non è vero, così come, all'opposto, nelle femmine è molto diffusa la

ne importa a loro? Figuriamoci se io dicessi anche quali sono i miei veri problemi: potrei perdere del tutto il controllo della situazione e ritrovarmi osservato e guidato anche dentro la mia testa. Questo poi no! Ho già ho fatto l'errore di parlare alla mamma del mio naso e da allora sembra sia divenuto un problema di famiglia; lei mi ha detto che lo ha tenuto per sé, ma io lo so che lo sanno il papà, la zia e forse anche la professoressa. Non si può avere un attimo di intimità! Quando sono in giro non so mai se sto camminando bene, cerco di darmi un contegno, di assumere delle posizioni adatte alla mia età, ma non sono mai sicuro che vadano bene; c'è poi sempre qualcuno che mi osserva o me lo fa notare, mi sembra, e così accentua ancor più il mio disagio.
Proprio adesso che mi sembrava di avere trovato il modo giusto di atteggiarmi! Sembra quasi che i genitori si divertano a crearmi difficoltà anche dove ero riuscito a mettermi tranquillo.
Queste continue accuse di essere sbadato e maldestro mi feriscono: a me non sembra affatto, anzi sono sempre molto attento a quello che faccio, forse sono solo un po' sfortunato. Quando poi vengono a casa gli amici è sempre pericoloso avere mamma o papà nei dintorni: possono dire cose fuori posto e farmi fare brutte figure. Non si rendono conto che se parlano agli amici del fatto che tengo le spalle curve mi fanno vergognare? Non capisco se lo dicano per aiutarmi o solo per questa mania di fare conversazione a tutti i costi, per sentirsi alla pari: se è così, sono dei veri egoisti che sfruttano le mie debolezze per il loro vantaggio.

preoccupazione di avere un peso superiore alla media, anche qui in contrasto con la realtà che si può dedurre dai dati delle statistiche.
A questa età nulla va mai bene, l'adolescente può soffrire per le più impensate caratteristiche del corpo, ritenendole sgradevoli. Anche se i suoi criteri di valutazione sono sempre assai diversi da quelli degli adulti, occorre prenderlo sul serio e cercare comunque di capire le sue ragioni, per le difficoltà che può incontrare con se stesso e con gli altri.
Non c'è allora una gran differenza fra il disagio di chi si sente troppo basso o troppo alto, troppo magro o troppo grasso, di chi ha un neo di troppo o l'attaccatura dei capelli troppo alta: il nesso comune è che ci si sente diversi da quello che si vorrebbe, anche se, andando a fondo, ci si accorge che raramente si hanno le idee chiare su come si vorrebbe essere.

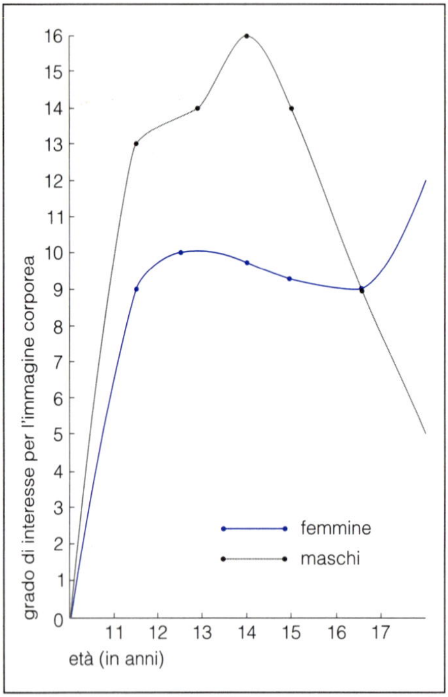


☆ ☆ ☆

All'inizio dell'adolescenza le preoccupazioni sono riferite in genere a frammenti del proprio corpo come il naso, i piedi, le gambe, i capelli; successivamente la preoccupazione è soprattutto per aspetti più generali come l'altezza e il peso, **più oltre si dà importanza soprattutto a ciò che più serve per comunicare, e cioè il volto e la voce.**
**Per ciò che riguarda il viso, per i ragazzi le preoccupazioni più frequenti riguardano:**
☞ la pelle, con i suoi problemi di nei, foruncoli, cicatrici, pelle grassa;

- i denti più o meno irregolari, e il disturbo estetico dell'eventuale apparecchio ortodontico necessario per la correzione;
- il viso, o troppo tondo o insignificante;
- la barba, eccessiva o assente;
- le orecchie troppo grandi e sporgenti;
- il naso, o lungo o grosso o di brutto profilo;
- gli occhi e la necessità di portare occhiali da vista o lenti a contatto.

☆ ☆ ☆

**Le preoccupazioni più frequenti per le ragazze:**

- la pelle con i suoi problemi di nei, foruncoli, cicatrici, pelle grassa e difficoltà ad abbronzarsi;
- il naso, o lungo o grosso o di brutto profilo;

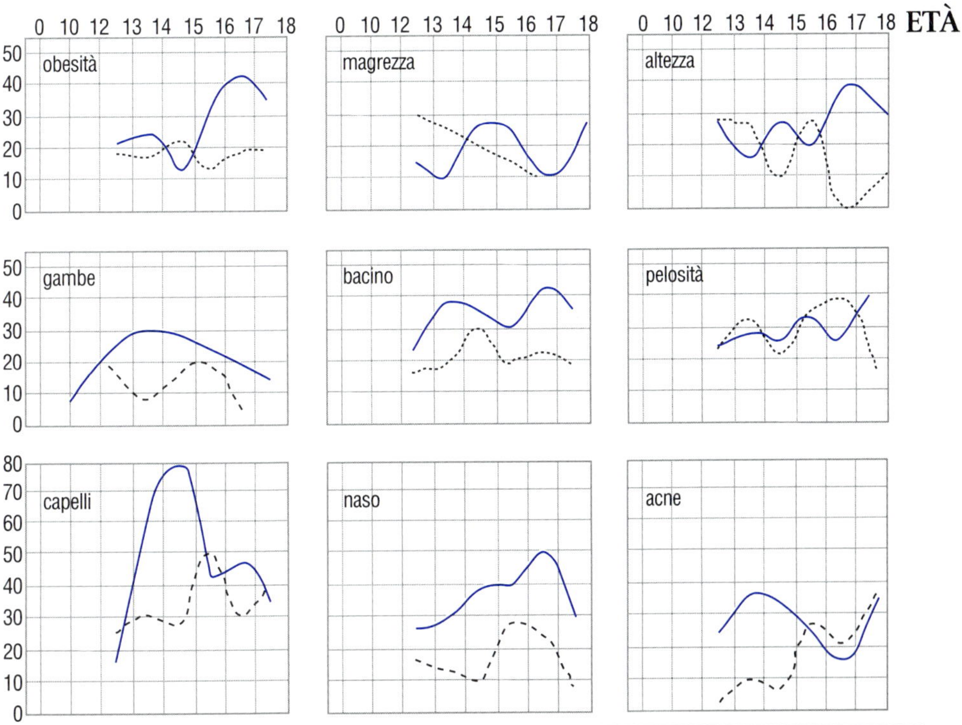

- ☞ i denti più o meno irregolari, e il disturbo estetico dell'eventuale apparecchio ortodontico necessario per la correzione;
- ☞ il viso, o troppo tondo o insignificante;
- ☞ le labbra, o troppo grosse o troppo sottili;
- ☞ la fronte, o troppo alta o troppo bassa;
- ☞ gli occhi e la necessità di ricorrere a occhiali da vista o a lenti a contatto.

☆ ☆ ☆

**Oltre a queste preoccupazioni, frutto dell'osservazione delle proprie presunte caratteristiche estetiche, ne esistono altre legate al sentirsi indietro nello sviluppo fisico rispetto ai coetanei**, e in questo senso i maschi, come già detto, si preoccupano soprattutto se si sentono troppo leggeri o bassi rispetto a come pensano dovrebbero essere a quell'età, mentre le ragazze, all'opposto, si sentono a disagio se si ritengono grasse.
Il loro cruccio all'inizio dell'adolescenza non è però tanto il sovrappeso quanto piuttosto l'altezza, che può metterle in difficoltà nei rapporti con i coetanei e in particolare con i maschi, che in genere iniziano ad alzarsi successivamente.

☆ ☆ ☆

**Altro elemento importante è la capacità di esprimere forza e vitalità**. La possibilità di esprimere prestanza fisica è un grosso aiuto alla propria affermazione nel gruppo degli adolescenti: la tendenza alla sfida, a gareggiare, a collaudarsi propria di questi anni porta all'affermazione soprattutto di chi si è sviluppato prima e comunque ha maggiore prestanza fisica.
Ne consegue che chi è più indietro si trova in difficoltà ad affermarsi, e che queste difficoltà possono trascinarsi per anni. La via d'uscita sta nell'imparare a usare in modo intelligente la vitalità di questi anni, così da sopperire al problema puramente fisico.
Anche in questi casi resta però la sensazione di difficoltà di chi è

## OSSERVARLI MENTRE CAMBIANO NEL CORPO

In genere la prima cosa che in famiglia ci annuncia la crescita disordinata e tumultuosa dei nostri figli adolescenti è l'aumento di velocità con cui cambiano i numeri delle scarpe e il contemporaneo aumento dell'appetito.
Noi mamme, preoccupate, vorremmo allora aiutare il ragazzo a mimetizzare le sproporzioni fisiche che appaiono qua e là, utilizzando la nostra abilità nel proporre i vestiti più giusti. Ci scontriamo invece col desiderio da parte dei ragazzi di vestirsi in modo completamente differente dalle nostre aspettative, magari usando abiti enormi che coprano tutto, o berretti che, pur graziosi, hanno lo scopo anch'essi di partecipare a questa opera di mimetizzazione.
Lo scontro tutto sommato non ci è poi così sgradito, perché possiamo avere una nuova occasione di dimostrarci mamme brave e attente e portare le nostre difficoltà all'attenzione del marito, per avere la giusta comprensione per lo sforzo che compiamo. Il figlio, si sa, sta per sfuggire. Lievita e occorre vigilare perché la crescita avvenga secondo le regole. Tutto sommato è importante avere un ragazzo sano, e l'aspetto estetico ne è lo prova concreta. Si sa, la salute innanzi tutto!
Vederli crescere e diventare meglio di noi ci dà soddisfazione, e possiamo anche sorvolare sul fatto che loro magari la pensino diversamente.
Ma se poi stanno deludendo le nostre aspettative, come si fa a non farglielo sapere?
Soffriamo per loro e ci immedesimiamo, tanto che vorremmo che fossero quello che noi non siamo stati. Ci arrabbiamo per questo e non ci accorgiamo che per loro non abbiamo la stessa pazienza e comprensione che abbiamo sempre avuto nei confronti di noi stesse. Ci dimentichiamo che occuparsi del corpo dell'adolescente significa occuparsi anche degli effetti psicologici che i cambiamenti fisici hanno su di lui, e che, per lui, ogni movimento è un po' un reimparare a comandare testa, gambe e braccia che sono nuove di giorno in giorno, con in più il disagio di non avere mai la certezza di muoversi nel modo giusto.
I suoi coetanei non ci piacciono gran che e glielo diciamo, ma lui lo prende come un attacco personale; probabilmente abbiamo ormai perso la possibilità di farci ascoltare su questi temi, e insistere serve solo a insegnargli come dovrà comportarsi nella stessa situazione quando avrà dei figli.

sempre alla rincorsa dei presunti migliori, magari senza rendersi conto che riescono meglio solo perché sono più avanti nello sviluppo fisico.
La scuola e gli adulti in generale tendono a enfatizzare le prestazioni fisiche dei migliori, e a desiderarne di simili, anche senza dirlo chiaramente, da chi invece non ce la fa.
Così accentuiamo il problema e costringiamo l'adolescente a chiudersi nel ruolo di chi si pone fuori gioco nella convinzione di essere un incapace.
Faremmo meglio a cercare di trovargli spazi dove possa affermarsi: **ognuno cova delle abilità nascoste che possono essere per lui una chance per imparare ad avere maggior stima di se stesso**; per trovarle non è certo sufficiente chiederglielo, in quanto probabilmente lui stesso non saprà cosa rispondere.
Possiamo aiutarlo a pensare che c'è sempre qualcosa in cui uno può riuscire meglio degli altri e affermarsi, e che, anche nella persona più perfetta, se la osserviamo bene, riusciamo a intravedere un qualche problema che la affligge. **Invece molti adulti pensano di poter impunemente esprimere il loro pessimismo**, magari credendo che questo possa far reagire i ragazzi, senza rendersi conto che così facendo possono confermare ciò che di pessimistico gli adolescenti già pensano di se stessi.
Essere ottimisti non significa però rinunciare al ruolo di genitori che devono far rispettare delle regole; significa invece, anche dopo una dura discussione, comunicare la fiducia che lui, il ragazzo, al di là della situazione contingente, può farcela.

## Lo sviluppo sessuale

Mentre per lo sviluppo del corpo era ancora possibile un discorso unico, per ciò che riguarda l'aspetto sessuale è meglio prendere in considerazione separatamente i due sessi, questo sia perché i maschi si sviluppano mediamente due anni dopo le femmine, sia perché l'evento è vissuto come tale nelle bambine, mentre è molto più sfumato e diluito nei maschi, sia perché il movimento ormonale sottostante condiziona comportamenti diversi nei due sessi.

### Lo sviluppo sessuale delle femmine

Le bambine maturano dunque più precocemente dei maschi, e questo è risaputo da tutti: si sa, le bambine sono più sagge, più tranquille, più ragionevoli dei maschietti coetanei ben prima dei dieci-dodici anni. È come se fosse previsto già da tempo che debbano affrontare per prime i compiti della vita adulta.
Si calcola che negli ultimi cento anni l'epoca della prima mestruazione tenda ad anticipare la sua comparsa di quattro mesi ogni dieci anni, e attualmente nella nostra popolazione è attestata poco oltre i dodici anni e continua a comparire sempre più precocemente. Evidentemente questo è valido per l'osservazione passata, in quanto ormai è ragionevole pensare che difficilmente possano comparire molto prima di così.

Questo significa anche che **tutte le modificazioni legate alla pubertà tendono ad anticipare, infatti osserviamo sempre più spesso che le bambine iniziano a cambiare già in quarta e quinta elementare**. Il seno inizia a comparire, come primo segno visibile del movimento degli ormoni femminili, insieme all'allargarsi del bacino. Poi i peli del pube, l'accelerazione del ritmo di crescita, il comparire di rotondità più adulte.
Cambiano così l'aspetto e la distribuzione dei vuoti e dei pieni del corpo. Si pigmenta l'areola mammaria e diviene visibile la crescita dei genitali esterni.
La secrezione delle ghiandole sudoripare e sebacee si modifica, e i secreti acquistano un odore più deciso, caratteristico della donna in età fertile; compare la peluria alle ascelle. Poi finalmente col menarca inizia a funzionare, quasi sempre in modo irregolare, il nuovo

orologio interno che con sempre maggiore precisione determinerà il susseguirsi dei cicli mestruali e l'inizio del periodo fertile: un nuovo bioritmo scandirà d'ora in poi la vita dell'adolescente.

Rispetto a questa sequenza esistono numerose possibilità di variabili comunque normali, così come possono essere diversissimi gli adattamenti psicologici conseguenti alla maturazione sessuale: infatti l'esperienza della maturazione sessuale avviene in un bambino che ha già una sua personale storia e delle esperienze proprie.
Queste esperienze sono connesse a come l'argomento sessuale è stato trattato in famiglia, a quali informazioni più o meno corrette ha potuto raccogliere e fare sue, a quali paure a sfondo sessuale gli sono state insegnate o inavvertitamente comunicate, a come la sessualità è stata vissuta nell'ambiente in cui è cresciuto, a quali fantasie ci ha costruito sopra ecc.
Si comprende allora come diversissimi siano i modi con cui ci si può avvicinare a questo periodo.

☆ ☆ ☆

**Prendiamo in considerazione la bambina normale, che ha avuto una crescita emotiva omogenea**, superato bene tutte o per lo meno in gran parte le tappe evolutive, cioè gli adattamenti emotivi tipici delle varie età, una bambina sana, che si sente amata e seguita in famiglia, che ha rapporti sereni con la scuola e i compagni: anche in questo caso la pubertà porta con sé una grossa tempesta emotiva.
La pubertà o, per dare un punto più preciso di riferimento, le prime mestruazioni, danno origine in modo chiaro e deciso a una nuova parte della vita.
Già prima di questo momento erano in atto modificazioni del corpo, e soprattutto era iniziato il risveglio ormonale che, oltre a determinare cambiamenti visibili, altera il modo di reagire e il livello di tensione emotiva caratteristico di quella determinata bambina.

È come se nostra figlia avesse maggiore energia da spendere per prendere la rincorsa e superare quel fiume di cui si parlava nel primo capitolo.

☆ ☆ ☆

Nel passaggio fra la seconda e la terza elementare i bambini hanno di solito un salto nel modo di reagire, controllarsi, imparare. È un momento di crescita visibile soprattutto a posteriori: ricordiamo infatti come molte delle difficoltà emotive dei primi due anni delle elementari sono scomparse senza che quasi ce ne siamo accorti.
A dieci-undici anni, a volte anche prima, ci troviamo di nuovo di fronte alle prime avvisaglie di una marea montante di problemi, e spesso non capiamo cosa stia succedendo. Ci ritiriamo semplicemente dietro un generico, deresponsabilizzante, "sarà l'età".

**I primi segni, come per esempio la crescita del seno o la semplice osservazione che alcune compagne hanno iniziato a cambiare, spesso ci pongono dei quesiti sulla necessità di corrette informazioni sessuali alle nostre figlie**. In questi momenti tutte le nostre sicurezze in materia di sesso vanno in crisi, e ci ritroviamo a cercare rassicurazione nel coniuge, nelle amiche, nella nostra mamma; oppure, con qualche timore, ci addentriamo in spiegazioni avventurose, spiando nelle reazioni di nostra figlia se stiamo dicendo le cose giuste o no.
I più bravi di noi avevano già affrontato questi temi quando i figli erano più piccoli e, a questo punto, credono che occorra solo – e che magari non sia così indispensabile – correggere e perfezionare quello che già sanno.
Ma non è così, infatti **i bambini si dimenticano, o meglio faticano a collegare le nozioni apprese anni prima con quello che sta capitando a loro in questo momento**, e per loro, non dimentichiamolo, un anno è moltissimo tempo. Inoltre è diverso il modo di comprendere in tema di sessualità a cinque-sei anni: a queste età ciò

che spinge è solo la curiosità, non si hanno ancora gli strumenti psicologici adatti per sentirsi dentro ciò di cui si parla, le nozioni rimangono per così dire in superficie, allineate con tutte le altre informazioni che un bambino piccolo assorbe.
A dieci anni è diverso, e anche il solo recupero di quelle nozioni apprese può trovare ostacoli imprevisti nei timori e nelle tensioni dell'età. Le stesse nozioni non sono più allora la stessa cosa, assumono valore e significati diversi, ed è senz'altro necessario rinnovarle. Possiamo pensare che questo sia compito della scuola, in qualche modo meno inguaiata nelle strette relazioni coi nostri figli.

**In verità la scuola da sola non riuscirà mai a essere abbastanza educativa e rassicurante**: la rassicurazione e la possibilità di avvicinarsi a questi problemi senza sensi di colpa può essere solo il frutto del modo con cui questi temi sono vissuti in famiglia e in particolare fra noi genitori.
Nel determinare la possibilità di un approccio sereno sono importanti non solo le comunicazioni dirette e chiare, ma anche, e forse di più, come noi genitori viviamo la nostra sessualità, come siamo reciprocamente affettuosi, l'importanza che in famiglia abbiamo sempre dato ai momenti di intimità.
I figli ci hanno osservato e hanno tarato i loro comportamenti attuali e futuri non solo su quello noi gli abbiamo fatto attivamente capire, ma anche su quello che sono riusciti a cogliere dal nostro modo di essere. Ci hanno osservato in modo ingenuo, senza preconcetti, ma nello stesso tempo con la profondità di chi si lascia penetrare e plasmare dai sentimenti senza ancora discuterli, magari in questo modo distorcendo i dati reali.

☆ ☆ ☆

**All'avvicinarsi dell'adolescenza si modifica il modo di porsi nei confronti dei genitori**, e vengono passati al vaglio della critica e del giudizio molti dei concetti che li riguardano e che negli anni precedenti un po' alla volta sembrava fossero stati dati come acquisiti. Allora è il sapere qual è la nostra posizione nei riguardi della sessualità che dovrebbe darci le opportune indicazioni su come avvicinarci a loro e cercare di correggere quei preconcetti che sempre, ineluttabilmente, ognuno di noi ha trasmesso.

**La cosa che non si può fare è fingere che il problema non esista e, magari, farsi prendere in contropiede da mestruazioni che arrivano prima di quello che pensavamo**, prima cioè di "avere avuto il tempo" di affrontare l'argomento. Non è poi vero che sia necessario dare chissà quali informazioni, è invece necessario rassicurare e dimostrare alle ragazze la nostra contentezza di genitori che vedono le figlie crescere e diventare adulte. Del resto le informazioni se le sono spesso già procurate da sole, e l'atteggiamento nei nostri confronti è di saputelle: cosa credi? Io so già tutto!

Questo nasconde, più che una vera conoscenza dei problemi, il desiderio di non venir prese ancora per bimbe, e ci comunica la necessità di parlare loro cercando di illuderci, e cioè di far finta, che siano già adulte.

☆ ☆ ☆

Concludendo, **dobbiamo essere noi genitori, possibilmente entrambi, ma non contemporaneamente, ad affrontare il problema: loro difficilmente lo fanno per prime**.

Dobbiamo cercare di farlo serenamente, e comunicare loro sicurezza senza timore di parlare anche di noi stessi, per quelle che riteniamo essere state le nostre esperienze positive; meno indicato è fare riferimento a esperienze negative per dimostrare come abbiamo trovato possibili brillanti soluzioni.

Il discorso può essere diluito nel tempo, in modo da mantenere aperta la possibilità di parlare cogliendo i momenti opportuni durante l'adolescenza. Inoltre, forse, noi stessi dovremmo documentarci un po', perché non è vero che l'esperienza personale basta sempre e perché i figli al giorno d'oggi normalmente sono informati da stampa e tv, anche se in modo frammentario ed emotivamente non sempre corretto.

☆ ☆ ☆

Assistiamo in questo periodo a strane modificazioni del loro umore, accentuate dalle oscillazioni ormonali: sfrenate allegrie e pianti immotivati si alternano. Spinte emozionali improvvise ci spiazzano e spesso non riusciamo a capirne i motivi. Alla sera, a letto, prima di addormentarsi possono piangere, perché riemergono le ansie e le angosce della giornata che travolgono le ormai stanche capacità di autocontrollo. Possiamo allora ascoltarle e tranquillizzarle, anche se i problemi non ci sembrano poi così drammatici.

Queste tensioni collaborano anche alle modificazioni dei loro comportamenti: possono presentarsi cambiamenti delle abitudini alimentari, con un aumento o una diminuzione dell'appetito o una modificazione dei gusti, a volte con scopi chiaramente provocatori. La trasgressione rispetto alle passate abitudini alimentari può acquistare il significato di una ribellione soprattutto nei confronti della mamma, da sempre custode della dispensa di famiglia.
**La mamma è del resto il simbolo della continuità con quel passato di bambina che a questa età è sentito come un peso**. Possono comparire le lotte nei confronti delle unghie, mangiate, succhiate, esibite, trascurate o pasticciosamente colorate con i primi smalti, preferibilmente trasparenti.
Così anche il proprio corpo e il proprio abbigliamento divengono un campo su cui dare battaglia per dimostrare che si ha diritto di disimparare, di non lavarsi, di trascurarsi. Uno sfrenato amore per certi vestiti impedisce che vengano cambiati o lavati al momento opportuno, è come se fossero divenuti degli amuleti col compito di proteggere da chissà quali pericoli. E se, nonostante tutto, sono obbligate attraverso astute pressioni morali o espliciti ricatti a comportarsi secondo i desideri della famiglia, compaiono i mal di testa, i

disordini dell'intestino, i pianti immotivati, può anche ritornare la pipì a letto e quant'altro necessario per comunicare e sfogare da qualche parte il malessere e la montante tensione interna.
**Succede che, essendo troppo difficile affrontare a viso aperto le difficoltà imposte dalla crescita, le ragazze tendano a rifugiarsi nelle passate esperienze, tornino indietro a modi di essere più infantili**, ma che ben conoscono e che quindi vivono come più rassicuranti. Sfogare le tensioni nei disordini alimentari o nei disordini evacuativi è di fatto un ritorno a quei periodi dell'infanzia in cui appunto il controllo della pappa e dalla cacca erano i problemi fondamentali, ma anche le principali fonti di soddisfazione e la chiave per stare bene nell'ambiente.
Se però una bambina ha superato bene le precedenti tappe evolutive, la maggiore tensione di questo periodo sarà espressa solo con oscillazioni passeggere del comportamento che hanno il compito, per così dire, di ricaricare le batterie per affrontare con più forza le prossime difficoltà.
L'aspetto del cambiamento continuo in cui si intravede sempre, nonostante tutto, una crescita, non deve preoccupare: sarà vedere la propria figlia fermarsi per mesi in atteggiamenti come quelli appena descritti, e non muoversi di lì, che dovrà far riflettere sulla necessità di darle una mano e capire cosa c'è di così difficile da affrontare.

☆ ☆ ☆

Una bambina smette di essere tale al momento delle prime mestruazioni: questa idea, evidentemente del tutto sbagliata, è però comunicata da tutti, e la bambina è di fatto obbligata a condividerla. È un'idea che spesso si trascina dietro un sacco di problemi, soprattutto se il menarca è precoce rispetto al gruppo delle compagne di classe o delle amiche.
Forse sarebbe opportuno non confermarla, cercando anche di separarla dalla convinzione di dover iniziare a interpretare un ruolo di donna al quale la bambina non può sentirsi ancora preparata: non

deve cioè pensare che, soltanto perché le vengono le mestruazioni, debbano cambiare, cioè essere messi in difficoltà, i suoi rapporti col mondo, anche quelli con amici e genitori fino a poco prima così rassicuranti.

### Diventiamo donne?

Noi adolescenti cominciamo a vedere che cambia qualcosa nel nostro corpo… forse no, è la mamma che ce lo fa notare. Ci osserva e ci dice che il seno sta crescendo. A volte ci prende in giro. Ci dice che sappiamo di sudore e che ci laviamo poco, che puzziamo, che mangiamo troppo o troppo poco, che il nostro sedere c'è o non c'è.
Tutto sommato, nonostante la mamma, siamo contente, anche se siamo un po' preoccupate per la prossima estate: chissà come saremo! A volte, temendo che qualcuno ci guardi in modo strano, vorremmo che il seno e le nostre nuove forme scomparissero improvvisamente, allora, a disagio, pieghiamo le spalle in avanti, ci mettiamo le maglie larghe, aboliamo le gonne. Così siamo più sicure, del resto anche le amiche fanno così; la mamma non è molto d'accordo, ma non capisce come ci si deve comportare fra ragazzi. Se proprio vuole, quando ci sono i suoi amici, facciamo il sacrificio e ci vestiamo come vuole lei, però sempre con abiti un po' larghi.
Il papà ci dice di tenere le spalle indietro e il petto in fuori… chissà perché, ma quando ci dice così non ci sentiamo più bene con lui. Con lui stiamo bene invece se ogni tanto ci tiene ancora in braccio, o almeno ci abbraccia e ci fa sentire piccole come un tempo. Ma lui sembra aver paura, e non è più così disponibile come una volta a giocare con noi. Dice che ormai non siamo più bambine e dobbiamo imparare a comportarci da persone serie. Cosa vorrà dire?
La mamma è invece sempre fra i piedi, non si può fare un passo senza averla dietro. Ci ha detto, facendo la seria, che fra un po' ci verranno le mestruazioni. Ci ha anche detto che forse in classe sono già venute a qualcuna. Forse è così, ma a me non sembra, o per lo meno nessuno dice niente. Quante preoccupazioni… tanto, chissà quando succederà!

☆ ☆ ☆

E invece è successo, all'improvviso, quando proprio non ce lo aspettavamo,

**La prima mestruazione è un evento naturale, ma come molti eventi naturali della vita è traumatico, improvviso e rompe una situazione di equilibrio precedente**. È caratterizzata da una perdita di sangue che qualche volta può essere accompagnata da dolore for-

ma è andato tutto bene: solo un po' di mal di pancia, molto poco però, non come ci aveva detto mamma. Il guaio è stato invece il sangue che veniva giù e l'assorbente che non eravamo mai sicure fosse messo bene. Fin che eravamo a casa, insomma, potevamo anche guardarci. Ma a scuola, che stress!
Non ci va che si sappia, ma sembra che tutti ci osservino, forse si vede qualcosa? Aveva ragione mamma, è una grande scocciatura e ci sono un sacco di problemi con questi assorbenti e con questo sangue che sporca le mutandine. Il papà lo sa già: la mamma gliel'ha detto subito, ma perché non ha aspettato di sapere come la pensavamo? Forse volevamo dirglielo noi... o forse no, in ogni caso è una cosa nostra. Forse però è stato meglio così, ma adesso non vogliamo che lo sappia nessun altro. Ma come fidarsi della mamma che non sta mai zitta?
**Glielo faremo promettere!**

☆ ☆ ☆

Ormai è passato qualche mese e ci sembra di non avere più tanti problemi tecnici, e, in casa, come volevasi dimostrare, ormai lo sanno tutti: la mamma lo ha detto anche agli zii, pazienza!
Quello che non sopportiamo ancora è invece il fatto che quando ci avviciniamo alle mestruazioni diventano tutti più intolleranti con noi e non ci lasciano in pace. La mamma poi... ormai è più un problema suo che nostro: da quando abbiamo iniziato ci controlla tutto, i giorni del ciclo, quanto mangiamo, quanto dormiamo, quanta musica ascoltiamo. Ma perché non pensa per sé? Il papà ci capisce senz'altro di più, ma è difficile parlare con lui di cose intime, anche se abbiamo il coraggio di provarci temiamo che ci sfugga. Forse è più timido di noi.
A scuola ormai abbiamo capito chi sono le compagne come noi, alle altre che devono ancora cominciare le mestruazioni è meglio non dire niente, non vogliamo farle sentire a disagio. I compagni di classe però ci sembra stiano soprattutto con loro, forse li mettiamo in soggezione? Per farci considerare dobbiamo comportarci da bambine, non è giusto, però! Sono loro, i nostri compagni, che sono ancora bambini, quindi forse è meglio se ci interessiamo di quelli più grandi: quelli sono anche più belli!

te, anche se non spesso, e porta con sé tutti i dubbi e le ansie che nascono di fronte a una situazione nuova.

Se non vi è stata alcuna preparazione né informazione adeguata, cosa che ancora oggi avviene molto spesso, la bambina potrà pensare che il sangue sia il risultato di qualche sua manipolazione, che ritiene non proprio lecita, alla zona genitale, oppure che provenga da qualcosa che non va dentro la sua pancia o, peggio, che sia il segno di una malattia.
Le informazioni che ha potuto raccogliere sono spesso errate, e se da un lato possono rassicurarla sulla normalità dell'evento, dall'altro possono portarla a viverlo come qualcosa di sporco, vergognoso. Del resto fin dall'infanzia ci viene insegnato che tutto ciò che esce da sotto è sporco e bisogna tenerlo nascosto; perché dunque non dovrebbe essere lo stesso anche per le mestruazioni?
Le mamme più solerti, d'altra parte, oltre a istruire adeguatamente la figlia, rivivono in lei le loro ansie e tendono a comunicargliele. Nel fatidico momento si mobilitano portando assorbenti e ricambi vari, come dovessero fronteggiare una gravissima emergenza. **Forse sarebbe più utile metterla in condizioni di sapersi arrangiare**, e, se la cosa avviene a scuola, suggerirle per esempio di trovare sostegno in un'amica adatta.

Nei mesi successivi avviene una fase di adattamento alla nuova condizione e ai problemi di igiene e relazionali che comporta. In questo periodo può essere determinante l'ansia con la quale la mamma stessa vive il problema e quindi come lo proietta nella bambina. **Una mamma che vive male il periodo mestruale, cosa abbastanza frequente, e lo dice o lo fa capire, aumenterà sicuramente le probabilità che la figlia le assomigli anche in questo**, e purtroppo sovente le mamme tendono a compiacersi di questo tipo di somiglianze, per così dire, intime. Ne fanno allora un'alleanza e uno strumento di controllo, per esempio annotando con non indispensabile puntigliosità i giorni del ciclo, magari sul calendario di casa. Resistono spesso nell'atteggiamento, anzi possono utilizzarlo per rendere noto in famiglia quanto sono brave come mamme, ritenendo sciocco il fatto che la figlia dimostri fuor di ogni dubbio di non gradire questo tipo di attenzione.

In realtà le mestruazioni nelle bambine possono divenire fonte di imbarazzo per il timore di dimostrarne agli altri un qualche segno. La prima difficoltà può essere nei confronti del padre, divenuto improvvisamente un "maschio": la bambina può pensare che il negare di essere mestruata le consenta di mantenere intatto il rapporto infantile padre-figlia, perché teme che rivelare la sua nuova condizione possa mandare in crisi il vecchio affettuoso legame col papà.
Con l'aiuto della mamma, **il papà dovrebbe forse rassicurarla con i fatti più che con le parole, e cioè standole più vicino e dimostrando allo stesso tempo di essere contento che la figlia cresca**. Spesso invece il papà scappa, si allontana senza accorgersene; afferma che la figlia è ormai una ragazzina, che certe moine non vanno più bene, e si serve di questo alibi per defilarsi, inconsciamente preoccupato dall'aspetto troppo femminile che la figlia va assumendo.

☆ ☆ ☆

Altre difficoltà sono a scuola, dove potrà sentirsi osservata dai compagni di classe soprattutto quando, per esempio durante un'interrogazione, è particolarmente esposta. **Il timore che qualcuno possa accorgersi che ha le mestruazioni sicuramente disturba il rendimento scolastico, soprattutto nei primi mesi**.
Durante le medie inferiori e comunque anche alle superiori i maschi non si occupano minimamente del problema, magari meravigliandosi od offendendosi per i possibili strani comportamenti delle ragazze: proprio non gli passa per la testa che loro non solo si sentano a disagio durante le mestruazioni, ma nemmeno le possano

## NOSTRA FIGLIA NON È PIÙ UNA BAMBINA... FORSE

### NOI MAMME

Soprattutto se si tratta della nostra unica figlia o della più grande, ci sentiamo in questo periodo, forse per l'ultima volta, in prima linea. La vediamo cambiare, ricordiamo come eravamo e temiamo che le nostre difficoltà di allora, quando eravamo noi adolescenti, si ripetano. Forse lo desideriamo anche un po', tanto è vero che l'osservare nostra figlia crescere senza problemi ci fa sentire inutili e stupide.

Ma se guardiamo bene, nostra figlia i suoi problemi li ha: è diventata scontrosa, fatica a parlarci, non tollera che le diamo consigli, crede di sapere tutto e invece non sa niente. A molte cose dovremo pensare noi, lei è ancora così piccola! Un corpo che sta diventando formosetto, ma una testa che invece sembra ancora più infantile di quello che era un anno fa! Ci sembra non sappia ancora cosa farsene delle sue nuove forme da donna, non sa proprio camminare, né vestirsi, sembra abbia disimparato tutto su come curarsi nell'aspetto, non riesce a trattenersi in niente.

Bisogna proprio starle vicino per aiutarla e insegnarle come deve fare. Lei non ne vuole sapere, solo quando è nei guai viene da noi e chiede aiuto. A volte neanche in quei casi, e allora, con cautela e con la nostra sensibilità di mamme, dobbiamo avvicinarla e farle sputare il rospo. E allora eccola di nuovo bimba e, incontenibile, rotti gli argini ci dice tutto. Noi che dobbiamo essere mamme, ma che, con la pelle d'oca per la felicità e l'angoscia, riviviamo in lei nostre antiche emozioni, ascoltiamo e cerchiamo di dare i nostri consigli.

Lei sembra non ascoltarli, scivolano oltre, forse ci chiede solo di non sentirsi sola. Ci viene rabbia, pensiamo che è fiato sprecato, ma ciò che diciamo non è inutile, e il fatto che ci abbia ascoltato forse lo potremo vedere fra anni, superata l'adolescenza.

Superato il momento delle prime mestruazioni e la preoccupazione di insegnarle come fare, modifichiamo senza accorgercene il nostro atteggiamento e ci interessiamo con molta maggior complicità di prima ai suoi amori: ci fantastichiamo sopra, ma lei si schermisce, arrossisce e regolarmente nega. Da un lato continuiamo a trattarla come una bambina perché questo ci dà il vantaggio di un assoluto potere decisionale nei suoi confronti, e ci fa comodo, dall'altro le chiediamo di essere adulta e donna e ci giochiamo su. Ma se esagera, se la ritroviamo troppo donna, allora, perfidamente, senza che ci accorgiamo di cosa stiamo facendo, la sfottiamo: posso farlo perché sono la sua mamma. Lei, naturalmente, non è dello stesso avviso e ci sta male, e si chiude o scappa dal papà a cercare comprensione.

☆ ☆ ☆

### Noi papà

Viviamo questo periodo, se non abbiamo paura di interessarci a questi problemi, in una posizione di insicurezza, come sui carboni accesi. Vedere nostra figlia svilupparsi ci inorgoglisce e nello stesso tempo ci preoccupa, portandoci alla memoria i nostri pensieri adolescenziali nei confronti delle ragazze e delle donne in generale. La paura della violenza e la necessità di tutelare la bimba possono renderci difficile continuare a essere rassicuranti nei confronti del mondo ed educativi: potremo invece avere difficoltà a contenere la nostra possessività per una bimba che temiamo minacciata dalla nostra stessa esperienza di maschi.

Potremo irritarci allora quando, per esempio, la vediamo girare per casa mezza nuda, giustamente disinibita, ed essere tentati di diventare censori di quei cattivi costumi che riteniamo pericolosi per lei, ma che mettono soprattutto in difficoltà noi. Sarebbe probabilmente un errore, perché lei non capirebbe e avrebbe la sensazione di un'incomprensibile barriera che va formandosi fra lei e il papà.

Il timore di non essere più accettata come figlia potrà allora indurla a mantenere comportamenti infantili nei nostri confronti, in quanto le abbiamo reso difficile stare con noi esprimendo liberamente il suo scoprirsi donna. La vedremo allora chiusa, estremamente e improvvisamente pudica, sfuggirci come se temesse da noi chissà che cosa.

Potremo allora pensare che forse è una cosa normale che una bimba a quell'età si comporti così, ma non ne siamo del tutto convinti. Potremo cercare di rispettare le sue esigenze, ma è necessario che non scompariamo, è necessario che rendiamo il più possibile asessuato il nostro modo di stare con lei, evitando qualsiasi allusione, soprattutto quelle ironiche, alla sua crescente femminilità.

Ricordiamoci quindi che nel nostro ruolo di padre è compreso anche il ruolo di primo riferimento maschile, e che occorre fare il possibile perché nostra figlia viva bene il nostro rapporto anche quando da femmina si accorge che siamo maschi. Ricordiamoci che siamo il riferimento, giusto o sbagliato che sia, su cui nostra figlia, anche criticandoci a volte ferocemente, prova molti com-

portamenti: come gestirà la relazione matura uomo-donna viene infatti sperimentato in particolare negli anni dell'adolescenza, e i risultati rimarranno come guida per tutta la vita futura.
I carboni ardenti sono legati anche al ritrovarsi spesso arbitro o moderatore degli scontri madre-figlia, senza sapere quale parte prendere o quale ruolo sia più giusto interpretare. Istintivamente tendiamo a prendere le parti della figlia, ingannati dalla sensazione che sia la più debole e che la mamma non le voglia riconoscere quella maturità di donna che noi già sentiamo. Stiamo già dandole ragione quando ci rendiamo conto che siamo i soliti uomini tonti e che dobbiamo sfuggire al subdolo tentativo della figlioletta, che in questi casi è abilissima nell'usare astuzie femminili, di tirarci dalla sua parte.
Dovremo invece aiutare la mamma nei suoi compiti educativi, moderandone le asprezze e gli spunti irrazionali che in questi duelli fra le nostre donne possono sempre emergere.

avere; il risultato è che, sentendosi servire una scusa per evitare un approccio o un invito, si offendono.
Quanti maschi adolescenti al mare pensano che quando la coetanea non vuole fare il bagno è perché ha le mestruazioni? Nessuno.
All'inizio le comunicazioni in questo campo non sono facili neanche tra le femmine: in questi primi anni dell'adolescenza si osservano, si invidiano, ma difficilmente comunicano fra loro le esperienze; usano il pettegolezzo per sapere cosa succede alle altre e rassicurarsi sulla propria normalità, poi un po' alla volta, quando cominciano a sentirsi abbastanza nel giusto, imparano, ognuna a suo modo, a esporsi in prima persona.
Negli anni successivi tenderanno a consolidare, nelle relazioni con le amiche e le compagne, il ruolo sperimentato in questo senso nella prima adolescenza.

☆ ☆ ☆

**Nella scuola ci sono anche i professori**, che godono massimamente quando riescono a rispecchiarsi nella buona prova di un allievo.

Osservare per comprendere è un'attitudine più consona agli insegnanti delle elementari; i professori non vedono, ma soprattutto faticano a sentire i problemi degli altri, e tanto più quelli legati al menarca di un'adolescente… a meno che, naturalmente, qualcuno non glieli esponga in modo didatticamente corretto.
L'importanza di tale didattica nei confronti dei professori è giustificata dalla necessità di far loro sapere che il ciclo mestruale è regolato da oscillazioni ormonali a periodicità mensile che, nel primo anno, alterano in modo evidente l'efficienza psicofisica della ragazzina.
Nei giorni del mestruo si riducono le capacità di attenzione e concentrazione; in particolare si riduce la possibilità di eseguire attività anche mentali per periodi prolungati senza che si presenti un'ineluttabile necessità di interrompere e fare altro.

☆ ☆ ☆

Proviamo a immedesimarci in loro, prendiamo per esempio una bambina che, come nella maggioranza dei casi, si svilupperà verso i dodici anni, e che vive con la famiglia e con la scuola relazioni normali.

### Lo sviluppo sessuale dei maschi

Nei maschi abbiamo detto che la maturazione sessuale avviene in media circa due anni dopo quella delle femmine. Fra i dieci e i dodici anni iniziano a crescere prima i testicoli, poi il pene, verso i dodici anni la statura ha un brusco aumento, verso i tredici-quattordici si modifica il sudore, cambia l'odore, può comparire una passeggera crescita del seno, si modifica la voce, spunta la barba, si ha la prima eiaculazione.
**Per i ragazzi l'avvicinarsi della pubertà avviene in modo meno tormentato che per le ragazze**, e questo fondamentalmente per due motivi: per loro non esiste un evento atteso o temuto che definisca il passaggio dall'infanzia all'adolescenza, e la prima eiaculazione avviene circa due anni dopo l'età media in cui nelle ragazze compare il menarca, quando in genere sono intellettualmente più maturi.

Mentre frequentano le medie inferiori sono quindi a contatto con ragazze già sviluppate e già timidamente interessate in senso sessuale nei loro confronti, ma capita che loro, i maschi, non abbiano ancora gli strumenti nemmeno per accorgersi di essere al centro di interessi particolari: avvertono invece una tendenza intrusiva nei confronti della propria intimità e si difendono. Si difendono dalle ra-

## Diventiamo uomini?

In questo periodo ci sentiamo pieni di energie da consumare e siamo perennemente in gara con gli altri ragazzi, tutti presi nelle prove di forza o di intelligenza per cercare di emergere, di guadagnare un ruolo accettabile e tollerabile fra i nostri amici: l'importante è essere accettati dagli altri maschi. Le ragazze esistono sì, ma non ce ne importa poi un granché, o, anzi, se ce n'è una che ci fa il filo ce ne importa per farlo vedere agli altri maschi. Le ragazze però sono già così grandi, sembrano delle donne, anzi forse delle mamme, e spesso ci mettono a disagio. Ci fanno temere per la nostra intimità: sono così rompenti, aggressive, che tutto sommato ci sentiamo molto sicuri e tranquilli fra noi maschi. Il nostro pisello, ma forse non possiamo più chiamarlo così, il nostro pene diventa sempre più grande e forse non è il caso che la mamma lo veda; mah, forse lo ha già visto e lo ha detto anche al papà. Stiamo diventando come lui e forse dobbiamo comportarci come fa lui. Lui non si vergogna, e perciò se ci comportiamo come lui non ci sentiremo a disagio, non ci sembra ci siano altre vie d'uscita.

Poi iniziano le prime difficoltà legate alle dimensioni a cui non siamo abituati e che ci pongono il problema di dove metterlo. Un quesito banale, ma un quesito da risolvere, magari chiedendo informazioni, ma con prudenza, a compagni ritenuti più grandi, e così sapremo come fanno loro e se è meglio tenerlo a destra, al centro o a sinistra. Oltre che in questo tipo di problematica intima incappiamo in quella più difficile da affrontare dell'imprevedibilità delle erezioni, con la conseguente paura che possa essere visibile attraverso i calzoni.

In questo modo, molto terra terra, incominciamo a interessarci all'esistenza del nostro organo sessuale, oppure si potrebbe dire che in realtà è l'organo sessuale che a un certo punto della vita comincia ad attrarre la nostra attenzione su

gazze più mature e disinibite facendo cerchio e valorizzando le amicizie maschili.
Possiamo vederli ancora imbranati, ma dovremo rispettare questi atteggiamenti che riflettono attraverso la timidezza la difficoltà in cui si trovano: stimolarli ad assumere atteggiamenti di interesse nei confronti dell'altro sesso può portare solo a una maggiore chiusura.

di sé. Se avevamo cercato di nasconderci il suo crescere e i problemi relativi, nel momento in cui inizia ad avere delle erezioni piuttosto voluminose siamo costretti a prendere atto che esiste e che crea dei problemi da risolvere, in quanto per molti versi sfugge al nostro controllo; peraltro ci accorgiamo, con coscienza del fatto, che le fantasie erotiche possono essere piacevoli e che a questa sensazione di piacevolezza corrisponde l'erezione.
Non solo, ma ci accorgiamo anche che determinate situazioni possono stimolarlo prima ancora di avere capito che, per esempio, quella determinata ragazza ci piace in modo particolare.
Nasce così un rapporto nuovo fra noi ragazzi, che credevamo di doverci impegnare solo nel compito di essere bravi figli, e un coso vivace, vitale, velocissimo, per certi versi anarchico, comunque molto più indipendente dalla nostra volontà di quello che l'altro sesso in tutta la nostra vita sarà disposto a credere. Un rapporto difficile da subito, anche perché all'inizio non ne troviamo poi grandi gratificazioni: ci disturba, ci imbarazza, ci crea, insomma, soprattutto problemi. Ci dà anche però il segnale che stiamo diventando adulti, e ci sembra di saperlo solo noi. I nostri genitori non sembrano per niente sensibili a quello che ci sta accadendo e ci trattano ancora come dei bambini.
La mamma poi non rispetta il nostro bisogno di intimità e sembra quasi che giochi a rimpiattino. Insomma, non siamo più bambini, non si vede? Forse è meglio che non si veda, anche perché quando poi maldestramente ce lo fanno notare o ci esibiscono alle amiche ci fanno arrossire, e una grande rabbia impotente ci cresce dentro. Allora confusi, arrabbiati, umiliati nella nostra crescente dignità ci chiudiamo in noi, scappiamo via, rompiamo tutto o vorremmo farlo.
Il papà ci rispetta, ma con lui è sempre difficile parlare e confrontarsi. Con lui non si riesce a ragionare perché lui è più potente, più forte e non vuole sentire le ragioni dei ragazzi.

## NON È PIÙ UN BAMBINO

**Noi mamme**

Osserviamo i ragazzi crescere e manifestare in modo inconfondibile nel corpo, nella voce e nel comportamento le prime avvisaglie della maturazione sessuale; i nostri atteggiamenti nei loro confronti allora cambiano e ce ne accorgiamo solo in parte. Orgogliose, vorremmo che il figlio dimostrasse la sua mascolinità, però temiamo che il marito non comprenda le esigenze del ragazzo, e allora lo proteggiamo e, offrendogli la nostra complicità, cerchiamo di creargli spazio. Siamo molto attente nel salvaguardare il diritto all'intimità e al pudore che il ragazzo può via via dimostrare. Sentendolo crescere e temendo che possa scappare via, reagiamo e, senza rendercene conto, aumentiamo e rinsaldiamo i legami madre-figlio. Accade che, pur arrabbiandoci, tendiamo a giustificare di fatto il disordine, gli errori, i momenti di rabbia che il ragazzo tende a esprimere sotto la spinta dell'irrequietezza legata al movimento ormonale. Anzi, sempre più spesso ci troviamo a dargli ragione, e questo succede anche, forse soprattutto, nelle discussioni col padre. Si potrebbe dire che siamo innamorate di lui, cioè pensiamo sempre a lui e siamo perennemente preoccupate che non gli capiti qualcosa.

Altri possono mostrare una certa spavalderia, imparata da papà, ma senza che vi corrisponda ancora un'emotività adatta. Per questi corteggiare le ragazzine sembra più un modo di esaudire le attese dei genitori, che qualcosa che sentono veramente.

**Come sempre, anche qui vale il giusto mezzo: non si deve spingerli a fare quello per cui non si sentono ancora preparati, ma non si deve neanche consentire che facciano gruppo esclusivamente con altri maschi.**

Se questo succede, anche perché frequentano una classe solo maschile, tenderanno a enfatizzare il ruolo del maschio forte e autosufficiente e potranno poi avere qualche problema in più quando sentiranno di doversi confrontare con le ragazzine.

☆ ☆ ☆

**Noi padri**

Lo sentiamo più adulto e siamo meno disponibili a perdonargli errori e atteggiamenti da bambino. Tendiamo ad affondare sul pedale educativo divenendo più rigidi e intolleranti. Ci accorgiamo che nostro figlio può interessare alle ragazze, e di questo un po' ce ne compiacciamo e un po' ci fa sentire coinvolti e obbligati a paragonarci a lui. Lui, invece che ascoltarci, è sempre là con sua madre... ah, il cordone ombelicale! Nostra moglie sembra pensi solo a lui: a tavola, e questo è molto significativo, si mangia solo quello che piace al figlioletto; e se protestiamo o se ci sono dei problemi sembra sempre che siamo noi papà ad avere torto, se non altro perché non riusciamo a capire.

È ovvio che ci sentiamo gelosi e spodestati dal nostro ruolo! Turbati dal ritrovarci gelosi possiamo anche decidere di tacere, di non esprimere questa gelosia ritenendola ingiustificata; la nostra tensione però non troverà sbocchi e, sotto la sua spinta, diminuiranno le nostre capacità di comprensione nei confronti del ragazzo.

Aggiungiamo in questo modo, ai comportamenti dovuti alla gelosia del figlio nei nostri confronti, anche quelli dovuti alla nostra gelosia nei confronti del figlio. A questo punto una buona chance per il ragazzo è quella di avere dei fratelli con cui diluire le nostre eccessive attenzioni.

I movimenti ormonali nei due sessi influiscono quindi anche sul modo di pensare, e il cervello progressivamente cambia il suo modo di elaborare i concetti.

## Il cervello che si accorge di pensare

Nel nostro cervello ci sono un'infinità di circuiti di cellule nervose che si attivano a seconda delle sensazioni, delle esperienze, delle capacità decisionali, dei movimenti: tutto ciò che noi siamo avviene per mezzo di questi circuiti e della loro attivazione. Quello che ci capita attimo per attimo nella vita attiva circuiti nuovi, mentre altri

cadono in disuso perché non più utili. **Così, accumulando esperienze, lungo la strada della vita selezioniamo i circuiti che corrispondono ai comportamenti più vantaggiosi**.
L'illusione di tornare a essere quello che eravamo è perciò sempre e solo un'illusione: è bene sapere che non saremo mai più uguali a noi stessi, ma sempre diversi, nuovi.

Durante tutta la vita la nostra mente evolve in continuazione e questo, soprattutto nelle prime età, avviene secondo un itinerario di crescita molto logico: si parte cominciando a conoscere gli oggetti concreti attorno a noi e utilizzando queste informazioni; poi, quando si ha una base sufficientemente solida, compaiono il bisogno, la voglia e la capacità di provare a modificare quello che fino a quel momento ritenevamo certo e indiscutibile.
È lo stesso percorso che seguiamo quando vogliamo costruire qualcosa, per esempio un'automobile nuova: prima studiamo e impariamo tutte le novità della scienza e della tecnologia, poi le potremo mettere in discussione per costruire qualcosa di nuovo.

☆ ☆ ☆

L'avvicinarsi dell'adolescenza, in parallelo ai cambiamenti fisici visibili, corrisponde a un cambiamento anche del modo di funzionare del nostro cervello: sembrano attivarsi velocemente nuove capacità di comprensione del nostro stare nel mondo, tipiche dell'uomo adulto. È come se, finito il caricamento delle batterie durato tutta l'infanzia, il motore iniziasse finalmente a dare prova della sua potenza nel mondo.
Quello che manca ancora è un pilota emotivamente maturo, capace di imbrigliare e utilizzare adeguatamente questa potenza.
**Nei nostri figli, fra gli undici e i quattordici anni, osserviamo un veloce abbandono del modo di pensare infantile**. Da bambini il loro ragionare – caratterizzato da una netta divisione fra cose concrete e reali da una parte, e cose appartenenti al racconto, alla fanta-

sia a quanto avviene al di là dello schermo televisivo dall'altra – non impediva confondessero e scambiassero la realtà con la fantasia, che non riuscissero a separarle in modo stabile e chiaro. Spesso, soprattutto da piccoli, non stentavamo a capire se quello che ci raccontavano era accaduto veramente o no. Il loro tempo era quello in cui vivevano, o poco più.
Capivano cosa significava parlare di progetti per il futuro, ma li sentivano come qualcosa fuori dai loro interessi, e quindi privi di significato emotivo.

All'avvicinarsi dell'adolescenza i nostri ragazzi mostrano di cominciare a pensare per ipotesi, di interessarsi al domani, di progettare un proprio futuro, prima relativamente alla settimana successiva, poi ai mesi, alle vacanze e ampliano così progressivamente i loro confini verso il futuro.
Tutto ciò corrisponde al comparire di una più netta divisione fra reale e irreale, ma, in mezzo, i ragazzi si accorgono ora che esistono anche le cose possibili, e ci si buttano a capofitto, elucubrando ipotesi su ipotesi su ogni argomento personale e no.
**È l'età in cui capiscono cosa sono le speranze, in cui comprendono che esistono fatti che possono realizzarsi o anche non realizzarsi**, come la vincita a una lotteria.

Anche l'idea di un futuro lontano rientra allora nel campo delle esperienze che l'adolescente sente come proprie possibilità, come facenti parte del suo esistere. L'orizzonte temporale si amplia e avvenimenti anche molto lontani del tempo, prevedibili nel futuro ma anche avvenuti nel passato, iniziano a fare parte di ciò che può dare emozioni e fra queste l'emozione di sentirsi grandi e parte del mondo.
L'ampliamento non è solo temporale: anche lo spazio e quindi tutto ciò che è nel nostro mondo, o più lontano nell'universo, fa parte di loro e li emoziona. Così, poco alla volta, si accorgono che le loro ra-

dici affondano nelle generazioni passate, che le azioni di oggi si rifletteranno nel futuro, e che quindi oggi si può determinare quello che avverrà domani.

Questa coscienza sarà importantissima per motivare e portare avanti un proprio progetto futuro. Il futuro possibile è già un'ipotesi, e ini-

### Ci piace pensare e arrangiarci

È strano quello che ci succede dopo le elementari: sembra che il mondo cominci ora; iniziamo a curiosare fuori casa e a pensare che spesso i nostri coetanei o quelli un po' più grandi dicono cose giuste. Queste cose giuste spesso sono diverse da quelle che abbiamo sentito in casa, e ci viene il dubbio che qualche volta i nostri genitori sbaglino. Nel mondo ci sono tante persone che pensano, e ci fa piacere imparare allora qualcosa di nuovo, qualcosa che in casa non sanno. Da un po' di tempo ci sembra più facile capire quello che ci insegnano a scuola, e stare sui libri a ripetere pare tempo sprecato. La storia ci piace ascoltarla, la geografia è un po' pesante, ma c'è poco da capire, la matematica pensavamo fosse difficilissima e invece tutto sommato ci entra nella testa... e così tutto il resto.
Questo fatto che riusciamo a capire tante cose ci fa sentire grandi, anzi, quando la mamma vuole aiutarci ci accorgiamo che ne sappiamo più di lei. Ma allora perché facciamo fatica a scuola? I genitori ci dicono che non ne abbiamo voglia, e quasi quasi siamo tentati di dargli ragione.
Del resto tante cose che succedono in questo nostro mondo le possiamo imparare dalla televisione, dai giornali, dagli amici. Siamo capaci di volare con la fantasia e costruire i nostri sogni, siamo capaci però di immaginare anche la brutta figura del giorno dopo, quando a scuola il professore ci chiederà la lezione che non abbiamo studiato o abbiamo preparato a modo nostro. Quello, il professore, vuole che sappiamo le lezioni come vuole lui, e questo costa fatica. Sappiamo perché lo dobbiamo fare: lo dobbiamo fare così i genitori e i professori sono contenti.
E noi? Mah, se tutto va bene, dopo, anche noi.
Ci piace osservarci e cercare di capire come siamo fatti, ci preoccupiamo di

zia appunto in questi anni la capacità di pensare per ipotesi, di dedurre oltre i dati concreti della realtà, per formulare teorie o elaborare idee nuove su quello che potrà o potrebbe essere.

Possiamo osservare questi nuovi interessi attraverso i loro discorsi, ma anche nel diverso modo di spendere i loro soldi: i vecchi giocat-

sapere come gli altri ci vedono. Per stare con gli altri ci accorgiamo che è importante anche come siamo dentro: a catechismo è da anni che ci ripetono di curare la nostra anima, ma solo ora ci pare di riuscire a dare un significato a questa parola.

All'inizio sono vaghe intuizioni che a poco a poco si raccolgono, si organizzano, e a un tratto ci accorgiamo di essere una persona, di esistere, ne siamo coscienti.
Ci sembra di averlo sempre saputo, ma adesso ha un sapore diverso. Cerchiamo la nostra storia passata e siamo contenti quando riusciamo a ricostruirla con l'aiuto delle nostre vecchie cose o della memoria di mamma e papà. Le vecchie foto assumono un senso speciale e ci piace sapere che ci sono. Allora sappiamo che davanti a noi c'è un futuro da vivere che diventerà il nostro nuovo passato. Tutte le nostre emozioni assumono, senza che lo notiamo, un colore particolare. Le sentiamo, ed esprimiamo con coscienza il desiderio di ricreare quelle che ci sono piaciute, di evitare a tutti i costi quelle che ci hanno fatto male.
Proviamo allora a contestare quelle abitudini di casa che avevamo sempre accettato, ma che ci pesano e di cui a pensarci bene non capiamo l'utilità. Così come non capiamo perché ci impediscano di essere felici: in fondo ci accontentiamo di poco.
E invece no, ci dicono di no e non si può neanche discutere.
Ci dicono che siamo dei bravi ragazzi, che stiamo crescendo bene, poi, se gli chiediamo qualcosa che non gradiscono, eccoci di nuovo bambini incapaci. Ci sentiamo umiliati e pensiamo diverse ipotesi per risolvere i nostri problemi. Alla fine deduciamo che la soluzione potrebbe essere di imbrogliarli, ma la scartiamo perché non ci sentiamo capaci di sopportare di sentirci cattivi... e poi quando si rischia troppo non si sa mai dove si va a finire!

toli perdono improvvisamente di interesse, e ci accorgiamo che iniziano a proporci, ogni tanto, notiziole scientifiche, argomenti culturali fino a qualche tempo prima inaspettati.

**Il pensiero astratto inizia a prevalere: tutto quello che succede a loro e nel mondo viene considerato prendendo in esame, molto seriamente, ciò che sarebbe potuto accadere e non è avvenuto**. La realtà diventa solo uno dei possibili modi in cui un fatto si verifica. Tutto il mondo assume allora una forma diversa, e i ragazzi lo indagano e lo mettono in discussione come mai prima.
Anche la propria persona può essere messa in discussione attraverso la capacità di sentirsi dentro e rivedersi tipica dell'adolescenza. **"Da dove vengo, chi sono, cosa faccio, cosa voglio, cosa spero"**:

### I FIGLI CI METTONO IN DIFFICOLTÀ

Ci stupiamo quando hanno delle uscite inaspettate che ci dimostrano che pensano. In questo periodo ci paiono così disordinati, confusi, irritabili, incapaci, che ogni tanto ascoltare qualcosa di intelligente ci rincuora. In verità li sentiamo diversi e quando parliamo con loro ci sorprendiamo a trattarli già da adulti: loro, infatti, ci capiscono, ci osservano e spesso ci suggeriscono le decisioni da prendere. E ci scoccia che spesso abbiano ragione o intuiscano prima di noi cosa si deve fare. Se la cavano a scuola, ma studiano abbastanza? Si vede che gli si è aperta la testa. In effetti se avessimo la pazienza di parlare con loro delle cose che gli interessano potrebbero stupirci con ragionamenti inaspettatamente brillanti, mentre ci sembrano stupidi e si bloccano se cerchiamo di parlargli delle nostre cose.
Cercare di entrare nei loro pensieri non è facile, perché manifestano una timidezza dovuta al non sentirsi ancora sicuri delle loro idee: in fondo le hanno appena pensate, e devono collaudarle con gli amici prima di affrontare la possibile demolizione da parte dei genitori. Noi genitori abbiamo sulle spalle decine e decine di rottami di idee dei nostri figli, e la cosa più grave è che le abbiamo demolite senza accorgerci che loro ne potevano soffrire. Perché mai do-

sono quesiti tipici a cui la religione offre una risposta preformata, ma sicura.
Spesso però è una risposta insufficiente per chi sta imparando a mettere in discussione qualsiasi cosa, ed è in questo periodo infatti che accanto a molti ragazzi che prendono coscienza della loro fede altri iniziano ad allontanarsene. È questa la prima volta nella loro vita in cui possono credere di pensare da soli, con la loro testa, usando la loro intelligenza.

A questo punto anche i nostri insegnamenti vengono sottoposti a critica, alla ricerca di una teoria che spieghi il perché li sentono spesso così profondamente sbagliati.
È una ricerca che, vedremo, andrà a segno in fretta negli anni succes-

vrebbero allora continuare a rischiare nel raccontarcele? Nonostante tutto è evidente anche dai comportamenti, dai loro sguardi, da come manifestano tolleranze o intolleranze che hanno cambiato il modo di ragionare.
Osserviamo che il gioco non è più così importante per loro, anzi non lo è affatto. I giochi di società diventano per un po' modi di comunicare e alibi per stare assieme, ma anche palestre per imparare a prevedere; poi i principali interessi, che sono anche i loro argomenti per stare assieme e parlare, si spostano su altro: gli strumenti per scrivere e per disegnare – penne, matite, gomme, temperini – i primi diari, il computer, Internet e i videogiochi, e così anche i telefilm o i film, soprattutto se si occupano di persone di età vicine alla loro; li troviamo sempre più spesso immersi nella musica, magari intenti ad ascoltare per ore sempre lo stesso brano, e li vediamo raccogliere gruppi di cose, anche strane, che costituiscono una loro proprietà, collezioni personali, strettamente personali, che nei rapporti con i coetanei diventano una loro caratteristica.
Il modo di apparire diventa una fonte di ansia e di preoccupazione e causa di disaccordo con i genitori: l'abbigliamento, il taglio dei capelli, la propria pelle cominciano a essere coscientemente usati come modo per stare e comunicare con i compagni.
Anche l'attività sportiva diventa un modo per qualificarsi, così come il suo opposto: cioè essere uno che non si interessa di sport né lo pratica.

sivi e consentirà loro di costruirsi una personale moralità che, al di là di ogni dubbio, ritengono migliore di quella egoista dei genitori, cioè della nostra.

Parlando con loro di problemi morali, filosofici, di fede ci sembrano già a dodici-tredici anni inaspettatamente maturi. Nei fatti però le azioni non rispecchiano tale maturità: è come se si fosse creato uno spazio fra l'aumento delle capacità mentali e il peggioramento della gestione delle tempeste emotive.

Così facendo prestano il fianco alle accuse di infantilismo, e viene loro negata quella maturità intellettiva che invece hanno. **Metà bambini e metà adulti anche nella testa, responsabilizzati quando fa comodo agli adulti, deresponsabilizzati quando si tratta di decidere del loro futuro: tutto ciò non aiuta certo a capire quello che si è, e acuisce l'insofferenza verso la famiglia**.

Per contestarli occorre ora, a questa età, prenderli prima sul serio, ascoltarli e non etichettarli a priori come incapaci di ragionare. Discutere con loro può non essere facile, e può accadere che possano anche avere ragione su argomenti che ci disturbano.

La tentazione sarà di imporsi, anche se ci rendiamo conto di avere torto: di norma non dovrebbe essere così, ma qualche volta un'irragionevole presa di posizione nei confronti di figli troppo saputelli non guasta. Del resto, i genitori troppo ragionevoli fanno tanti danni quanti quelli totalmenti irragionevoli.

☆ ☆ ☆

Altri mille piccoli movimenti avvengono, prima titubanti, poi più certi e definiti alla ricerca di un ruolo, di un modo accettabile di apparire e di essere identificati e capiti prima di tutto nel gruppo dei coetanei.

Di quello che pensano mamma e papà sembra gliene importi sempre meno, però ne soffrono quando si sentono, anzi sono costretti, a comportarsi o vestirsi in contrasto con quanto i genitori si aspettano; non hanno però vie d'uscita: o cercare di stare bene con gli ami-

ci o accontentare i desideri estetici e di pensiero degli adulti, che appartengono sempre almeno a una generazione prima.
Si sa già da qualche anno che esistono meno differenze di gusti e di comportamenti fra ragazzi della stessa età e di nazionalità diverse - per esempio giapponesi, americani, italiani, brasiliani, svedesi - che fra ragazzi della stessa nazionalità ma con qualche anno di differenza. Questi concetti, derivati da ricerche di mercato che prevedono già le tendenze dei consumi su scala mondiale dopo il Duemila, ci danno la prova concreta di come siano vicini fra loro giovani apparentemente diversi, mentre la vera differenza, soprattutto di pensiero, sia inevitabilmente nei confronti di chi li ha preceduti, delle generazioni precedenti.
**Così vediamo che i ragazzi, anche di estrazione socioculturale diversissima, riescono a comunicare e a comprendersi reciprocamente con una facilità che per noi adulti è incredibile**. Pensavamo che stessero bene con le persone come noi, con le quali sanno come comportarsi, invece la cultura generazionale è più forte: di anno in anno la cultura dei giovani, gestita subdolamente dai grandi gruppi economici, sembra farsi sempre più trasversale, e omogeneizza non solo i ragazzi di uno stesso stato, ma i ragazzi di tutto il mondo.

# ANNI 11-14, I PRIMI PASSI NELL'ADOLESCENZA: LA CRESCITA EMOTIVA E SOCIALE

## QUANTO E COME SOFFRONO

L'adolescenza è un periodo della vita nel quale vi è una speciale fragiltà nei confronti di tutto ciò che succede. Per i nostri figli tutto diventa difficoltà, e questo nuovo modo di sentire loro stessi e ciò che capita non avviene per caso, ma sembra fatto apposta per permettere loro di crescere bene.
Ritornando all'esempio portato all'inizio, il fiume da attraversare, con la sua acqua gelida, con i suoi vortici e le altre insidie li forma e li indurisce nel fisico, nell'uso dell'intelligenza e nella capacità di gestire bene le loro emozioni.
Scendono dalla sponda dell'infanzia che sono piccoli, fisicamente deboli, ingenui, ma sicuri di quanto sanno, incapaci di vedere più in là del loro naso; nuotano, lottano contro tutto: con il loro corpo che sembra troppo debole, con l'acqua che li soffoca, con la paura di non farcela, col desiderio di tornare indietro.
Escono dall'acqua dall'altra parte, se ci riescono, forti e tonificati nel loro nuovo corpo maturo di uomini o di donne, con la mente rivolta a una prospettiva futura e il coraggio e la determinazione di volerla perseguire.

**L'adolescenza è dunque un periodo della vita nel quale per la prima volta affrontano terribili difficoltà con la paura cosciente del**

**loro stare male, ma è anche il periodo nel quale cominciano i ricordi**, organizzati e fissati da tutte quelle coloratissime emozioni.

☆ ☆ ☆

Ora frughiamo nella mente, proviamo a ricordare, a scivolare nella nostra personale storia di quel periodo seguendo il sottile filo dei ricordi; rilassiamoci, sediamoci più comodamente possibile, lasciamo andare l'immaginazione, frase dopo frase lasciamo che nella nostra mente ricompaiano luoghi, volti, sentimenti.

Ecco!
Abbiamo finito le elementari e abbiamo cambiato compagni e insegnanti: **siamo in prima media**.

## DI NOI RICORDIAMO

il desiderio di libertà,
l'obbligo di sentirsi buoni,
quello che non riuscivamo a fare,
le nostre gioie,
la nostra paura,
le nostre conquiste,
le cose che non sapevamo,
le nostre corse,
l'impossibilità di scappare,
il dire la nostra,
il non essere capiti,
il non sentirsi mai a posto,
la nostra persona,
i vestiti belli,
i vestiti sbagliati,
non c'era più
la possibilità di respirare a fondo come alle elementari.

## DELLA NOSTRA CLASSE RICORDIAMO

**MASCHILE** | **MISTA** | **FEMMINILE**

siamo davanti alla nostra scuola,
proviamo a entrare,
percorriamo i corridoi fino alla nostra aula,
apriamo la porta,
troviamo il nostro banco,
ci sediamo,
sentiamo sotto le mani il ripiano del banco,
l'odore particolare della scuola, odore di compagni, di libri, di studio,
guardiamo di lato...
un nostro compagno, | una nostra compagna,
si chiamava... basta il nome,
e quell'altro tanto grande,
e quell'altra così snella,
davanti a noi la cattedra... e dietro
la professoressa... il professore,
quella più simpatica,
quell'altra cattiva,
l'altro burbero e stanco,
che dava brutti voti...
al peggiore della classe, | alla peggiore della classe,
e li aiutavamo,
e il più bravo chi era, | e la prima della classe era...
forse era nostro amico, | forse era una nostra amica,
il più forte era nostro amico, | la più sveglia era nostra amica,
ci dispiaceva per il più piccolo, | ci dispiaceva per la più piccola,
e da chi copiavamo,
chi non ci era simpatico, | chi non ci era simpatica,
chi ci piaceva...
il bello della classe, | la bella della classe,
quello furbo, | la brutta,
quello grasso, | quella alta,
quello che correva forte, | quella con quei vestiti,
quello tonto. | la prima a portare i tacchi.

☆ ☆ ☆

Di quell'epoca ci piace ricordare insieme i momenti eroici e i momenti belli, spesso ingigantiti attraverso le vecchie foto o le storie sulla nostra adolescenza ascoltate in famiglia.
Se invece cerchiamo nella nostra mente qualcosa di diverso da questi ricordi falsati e preformati potremo forse trovare la sensazione di essere stati, già là in prima media, costretti in una corsa dalla quale non era possibile sfuggire, in balìa di qualcosa che ci costringeva ad andare avanti: rinunciavamo alla vecchia possibilità di respirare profondamente e senza pensarci troppo ci ritrovavamo, di giorno in giorno, ad ansimare rincorrendo l'aria pura che era sempre più in là. È una sensazione vaga nella quale i ricordi, anche belli ed eroici, delle prime conquiste, delle prime avventure, delle prime vere trasgressioni, paiono coperti dal velo sottile ma avvolgente del non sentirsi a posto, dalla sensazione di avere sfidato la disapprovazione di mamma e papà.

È come se crescendo avessimo scoperto con sorpresa di agire e pensare in modo diverso da quello che ritenevamo desiderassero i nostri genitori: allora potevamo sentirci figli cattivi, incapaci, ma per restare i buoni figli di una volta avremmo dovuto non crescere, e l'istinto a innalzare le nostre capacità non ce lo ha permesso. **Avremmo potuto rimanere bambini, non tentare di trasgredire, andare benissimo a scuola, essere sempre obbedienti, essere buoni, fare contenti i nostri genitori: per fortuna non è andata così** e non siamo stati i più buoni, né i più bravi, né i più ubbidienti. Abbiamo potuto diventare noi, diversi da come credevamo i genitori ci volessero, ma come noi ci siamo voluti... forse.
La sensazione di essere in gabbia, di prendere una lunghissima rincorsa in cui si è sempre più soli, di essere poco o affatto felici, di non essere liberi di esprimersi pienamente, è l'eco che quei nostri antichi conflitti ci hanno lasciato nell'anima.
In verità i nostri difficili e tenui ricordi lasciano intravedere diffi-

coltà vissute con tanta emozione positiva e negativa, così tanta che dentro di noi qualcosa ci impedisce di ricordarla pienamente.

☆ ☆ ☆

Nell'adolescenza, l'attitudine a sentire le emozioni come parte di noi stessi è legata alla crescita della capacità di pensiero; pensiero che non ci permette più di dimenticarci così facilmente del nostro soffrire come facevamo da bambini, e al contrario ci porta a conservare le emozioni del passato e a imparare a prevederle nel futuro.
Se abbiamo non solo capito, ma anche sentito questo dentro di noi, forse riusciremo ad accostarci in modo diverso ai nostri ragazzi adolescenti che devono trovare come sopravvivere alla propria necessità di crescere.

Nei ragazzi le lotte interiori sorgono dalle contraddizioni legate allo sviluppo fisico, sessuale e intellettivo che fin dall'inizio li costringe a escogitare delle strategie di difesa.
La crescita fisica richiede da parte dell'organismo uno sforzo di cui i ragazzi non si rendono direttamente conto, ma che provoca loro un malessere, una irritabilità, una strana inquietudine.
Le mamme riconoscono bene nei bambini piccoli questa fatica, questo malessere legato ai momenti in cui è più veloce la crescita fisica; hanno però difficoltà a capire che molte delle inquietudini degli adolescenti possono avere una giustificazione analoga, con in più gli squilibri emotivi direttamente legati ai movimenti degli ormoni sessuali.
Lo sviluppo fisico e sessuale obbliga inoltre a doversi accettare diversi di giorno in giorno e ad affrontare nei rapporti con gli altri le conseguenze di questo nuovo modo di essere.
Lo sviluppo intellettivo permette di essere coscienti di tutto ciò e spinge a cercare nuovi modi di stare nel mondo, a cercare nuove persone, diverse dai genitori, da eleggere come modelli di vita e a cui voler assomigliare per affermarsi.

Questo avviene nella maggioranza degli adolescenti prima lentamente, poi in maniera sempre più evidente. Per alcuni questa esigenza è minima, e le nuove figure tendono ad affiancare quelle dei genitori: la conseguenza è l'incapacità di esprimere scelte personali che possano essere sentite come proprie e che si distinguano da quelle suggerite dalla famiglia. Per altri, all'opposto, il rifiuto diviene totale verso ogni forma di autorità, e riescono a prendere come modello solo persone spostate, rischiando così di porsi al margine della società.

Tutto spinge in una situazione di rischio, di sperimentazione in avanti, verso l'ignoto, che è difficile riuscire a sostenere emotivamente perché genera ansie continue. **L'ansia è un modo di reagire normale di fronte a difficoltà che, coscientemente o incoscientemente, riteniamo di non poter superare restando tranquilli**.
L'ansia mette allora l'organismo in una situazione di allerta, di vigilanza aumentata necessaria per fronteggiare le difficoltà. L'ansia costa però un notevole dispendio di energie, e allora è necessario ridurla appena possibile cercando situazioni più sicure, meno esposte alla battaglia.
Allora vediamo nascere nuovi modi di proteggersi, di avere cura di se stessi, pur continuando ad andare avanti. Il narcisismo è appunto una di queste strategie adolescenziali. Col termine "narcisismo" si intende l'amore per la propria immagine: infatti nel mito greco si racconta che il giovane Narciso si innamorò della propria immagine riflessa in uno specchio d'acqua. Spesso questo termine viene riferito a chi si ama troppo, e identifica perciò una situazione di anormalità. In effetti gli adolescenti si amano molto, ma questo è normale a quell'età della vita. **Amare se stessi, volersi bene, avere cura di sé e dei propri sentimenti, aiuta a costituire e delimitare i confini entro i quali sentirsi padroni e sicuri**.
Quante volte l'adolescente si lamenta del fatto che gli altri lo fanno star male, anche solo se, per esempio, gli chiedono un piacere: qual-

siasi richiesta gli si faccia, ci si trova improvvisamente davanti alla barriera che separa l'adolescente da tutto ciò che è al di fuori di lui. I ragazzi vedono con sospetto qualsiasi intrusione, anche la più innocente, e la esaminano prima di accettarla o rigettarla.
Non esiste più nemmeno la tranquilla accettazione delle premure materne: anche queste diventano intrusioni nel loro castello, spesso subdolamente pericolose. Sono tutti presi a riordinarsi, a osservarsi... e a dare tanta comprensione a se stessi.
Del resto non è facile tenere tutto sotto controllo, e non appena riescono a non sentirsi confusi ecco che qualcosa sfugge e, per esempio, un brufolo nuovo compare sul viso o un capello va fuori posto.
Quando dentro sono abbastanza tranquilli, si sentono a posto, possono sporgersi dalle mura del loro castello e rischiare più oltre: mal che vada potranno sempre tornare a leccarsi le ferite nella loro amata roccaforte.

**Da questo scrutare in se stessi e mettersi a posto nasce qualcosa di solido, una sicurezza su cui poi i ragazzi costruiranno il loro modo di stare con gli altri**. È come se da bambini avessero costruito un'automobile, meccanicamente, senza chiedersi il perché, usando i pezzi che gli passavano man mano mamma e papà.
Divenuti adolescenti si sono accorti di avere fra le mani una macchina che aveva un'aria di famiglia, ma che poteva essere messa in moto e portarli altrove, e che, avendola costruita loro, era tutta loro: così hanno voluto proclamarne il possesso, capire come funzionava, personalizzarla, cercare di farla bella, confortevole, ma soprattutto sicura, cosicché il viaggio nel mondo potesse avere le migliori possibilità.

Un'altra grande fonte di ansie è costituita dai desideri che vengono dal profondo, desideri istintivi che li possono spingere a comportamenti che invece non vorrebbero tenere, perché non gli piacciono, perché vanno contro tutto quello che hanno imparato, perché stanno male solo all'idea di ciò che questi desideri li spingono a fare. Per esempio, alcuni hanno certe voglie, che di per sé non sono poi così drammaticamente negative, che però sembrano danneggiare l'immagine di buoni e bravi ragazzi che hanno dentro: sono la voglia di ribellarsi, di mangiare, di protestare, di essere violenti, di comprare, di essere più belli, e ancora quelle più o meno dichiaratamente sessuali e tante altre. Queste, nel momento in cui si cerca di controllare tutto, di non farsi fregare dagli imprevisti, possono diventare dei pericolosi elementi fuori controllo, spesso illogici e non ben comprensibili, che possono minacciare la sicurezza faticosamente costruita.

Il timore, di cui difficilmente i ragazzi sono coscienti, di dove gli istinti possono portarli, li obbliga un po' alla volta ad adottare delle tecniche per imbrigliarli. Una delle più comuni è rappresentata dalle reazioni eccessive, costituite dal tentativo di difendersi comportandosi in modo radicalmente opposto alla tentazione: come rimedio all'appetito eccessivo si digiuna, per contenere l'aggressività si diventa pacifisti, contro lo spirito di ribellione si diviene superubbidienti, per combattere la vanità si diviene trasandati e così via. In altre parole, **vi è la tendenza a rifugiarsi in atteggiamenti opposti, intrisi di un sentimento di spiritualità e di purezza**.

Tali atteggiamenti sono però faticosi da mantenere, e i desideri veri che covano sotto provocano facilmente degli scivoloni: ecco allora l'alternarsi di momenti nei quali tutto è vietato e di altri nei quali tutto diviene permesso; momenti in cui si ritirano in meditazione e altri in cui vogliono divertirsi, esaltarsi, "sballare" con gli amici. Ma un'altra via d'uscita per non farsi sopraffare da questi desideri istintivi scomodi e poco accettabili la trovano nella loro mente, fantasticando e immaginandosi così vendicatori, vincitori, coraggiosi, liberi, ammirati, mentre la realtà li obbliga a ruoli ben diversi e meno eroici.

Quando però le tensioni e le ansie diventano troppo forti, e non riescono più a gestirle dentro di loro, allora succede che le buttano fuori alla ricerca di un responsabile delle loro sofferenze e molto spesso va a finire che la colpa la danno a noi, loro genitori.

## PRIME DIFFICOLTÀ NEL RAPPORTO TRA FIGLI E GENITORI

Verso i dieci anni ci sono le prime avvisaglie dei difficili rapporti genitori-figli. Successivamente le occasioni di disaccordo tendono a crescere di giorno in giorno, e con esse le tensioni. **Non capiamo perché i figli stiano diventando progressivamente sempre più stupidi** e non capiscano cose che fino all'altro ieri erano scontate.
**I figli, dal canto loro, iniziano a dubitare della nostra intelligenza** e osservano che non sempre ci comportiamo secondo quei codici morali che gli abbiamo insegnato.
A tutto ciò si aggiunge che noi, mamma e papà, vedendo i figli crescere e raggiungere l'età alla quale risalgono i nostri primi ricordi nitidi, tendiamo a immedesimarci in loro. Riviviamo così una nuova adolescenza che vorremmo migliore di quella che noi sperimentammo tanti anni prima. Cerchiamo allora di fornire ai ragazzi le opportunità che a noi erano mancate, pensando che i figli desiderino quello che noi desideravamo.

**Questa immedesimazione ci scappa con facilità di mano e va oltre: carica i ragazzi della responsabilità di raggiungere quegli obiettivi di vita che noi non avevamo ottenuto**. Queste cose gliele diciamo, quasi gliele ordiniamo, senza renderci conto che è il modo migliore per indurli a odiarle e spingerli a non farle.
Anche se ci tratteniamo e proviamo a non influenzare le loro decisioni, comunque qualcosa trapela sempre, e i figli percepiscono quello che desidereremmo da loro. Se amiamo moltissimo uno sport, per esempio il basket, probabilmente ci piacerebbe che nostro figlio lo giocasse o per lo meno se ne interessasse. Il modo migliore

### NONNI: UN JOLLY IN PIÙ PER CRESCERE

I nonni che riescono a mantenere un buon rapporto con i nipoti adolescenti sono molto importanti: sono una voce della famiglia, una voce da sempre ritenuta autorevole e alla quale anche i genitori, brontolando, spesso si piegano, una voce che ha il grande pregio di essere svincolata dalle dirette responsabilità dell'educazione. In qualche modo possono permettersi di essere fuori dal coro del buon senso familiare, o anche in opposizione a questo. Possono così instaurare un rapporto di fiducia che a volte è più intimo di quello che i ragazzi hanno con i propri genitori: si fidano più del nonno o della nonna che di mamma e papà.
I nonni, con le disinibizioni dell'età e la visione più filosofica dello stare al mondo, periodicamente incolpati di essere un po' arteriosclerotici, proteggono i nipoti, gli "tengono bordone", sono disposti a mantenere segreti e a dare consigli spregiudicati, danno protezione, per lo meno morale, quando in famiglia le cose si fanno difficili. È un legame fra emarginati, e come emarginati si capiscono, si aiutano, sono disposti a mentire per coprirsi reciprocamente. Evidentemente non sempre è così, ma se si instaura questo legame non dobbiamo combatterlo, se non nei limiti del buon senso se i nonni esagerano.
Dobbiamo pensare che, se le cose vanno così, chi ha i nonni dispone di una valvola di sfogo aggiuntiva, fisiologica, quando le tensioni interiori si fanno troppo dure. Dobbiamo pensare che se ci sono i nonni e funzionano da nonni avremo la possibilità di "infierire" sui nostri figli correndo meno il pericolo di costringerli ad azioni disperate. Saranno i nonni stessi che ci avvertiranno con estrema sollecitudine se stiamo esagerando... e dovremo ascoltarli.

perché questo succeda sarà tenere per sé l'amore per il basket, evitando qualsiasi pressione. **La tendenza dei ragazzi a fare l'opposto di quello che ritengono gradito ai genitori li porterà più facilmente a interessarsi di ciò da cui si sentono allontanati**.

Questa attitudine a chiedere ai ragazzi quello che noi non siamo riusciti a fare, o comunque quello che desideriamo per loro, provo-

ca sempre un disagio, la difficoltà psicologica legata all'ennesima sottomissione richiesta sotto forma di soluzione più razionale.
Ecco allora che loro, per affermare il diritto all'autodeterminazione, possono diventare irrazionali, ottusi, incapaci di vedere oltre il calar del giorno. Oppure possono fare resistenza passiva e per esempio essere colpiti da una grande stanchezza e una necessità abnorme di dormire.
All'inizio sono solo piccole cose: le nostre sgridate, per esempio, sembrano assumere una sgradevolezza particolare indipendentemente dal motivo che le genera. Le vivono come attacchi personali irrispettosi del fatto che non sono più bambini: non teniamo conto della loro maggior sensibilità, né che ormai sono in grado di capire quando sono usati come capro espiatorio di nervosismi dovuti ad altro. E non ci stanno più a questo gioco.
Gli adolescenti cominciano a riconoscersi come persone che hanno

### I FIGLI CHE HANNO TANTO BISOGNO DI DORMIRE

Alterazioni in più o in meno delle necessità di sonno sono normali negli adolescenti. Del resto il sonno viene messo a dura prova quando, prima o poi, iniziano a studiare di notte o la mattina presto, per recuperare le ore perse del pomeriggio precedente. A volte però la necessità di sonno è veramente strana e noi genitori, soprattutto la mamma, chiediamo aiuto al medico per "tirare su" il nostro bambino. Perplessi ci accorgiamo che la capacità di dormire dei nostri figli è enorme. A letto o sul divano, possono trascorrere con impressionante determinazione ore e ore. Forse potremo ricordare che il letto è anche la culla della depressione: si sta a letto per non affrontare tutti i compiti, le scelte, le responsabilità che ci aspettano appena ci alziamo. Loro, forti e vivaci, a periodi dormono, affermando di sentirsi stanchissimi e di dover riposare.
Ma sarà vera stanchezza, o non è più probabile che con la stanchezza riescano a evitare di confrontarsi con noi, con lo studio, con i loro tanti problemi da risolvere?

il diritto di essere rispettate, che hanno una propria dignità, e sentono che, in casa, questo aspetto viene sempre tenuto in scarso conto. Si accorgono invece che fuori, oltre la famiglia, la gente ascolta quello che dicono trattandoli da persone grandi e, stimolati da questa inaspettata considerazione, ne godono e cercano di mantenerla.
In casa noi genitori, accorgendoci che i figli sono più grandi e maturi, pretendiamo di più e non perdiamo occasione di sottolineare le manchevolezze che inesorabilmente scappano. Anzi, ne approfittiamo per rimproverare ai figli il fatto di essere incapaci di crescere di testa, e nello stesso tempo perfidamente pronostichiamo che resteranno sempre i nostri bambini, che non riusciremo mai a levarceli di torno.
È allora evidente che in questo periodo comincia ad avvenire nella famiglia un cambiamento del quale sono tutti partecipi, ognuno con un ruolo diverso.

Noi mamme siamo sempre pronte a stare al gioco, un figlio stanco, "ammalato" è un po' come una manna dal cielo: ci permette di sentirci più giovani e accudirlo. Non abbiamo più bisogno di scontrarci con lui perché, se è stanco, è un po' ammalato, ha bisogno di ricostituenti e i malati hanno diritto a una tregua in attesa di recuperare. Naturalmente i ricostituenti fanno molto poco, però danno la misura della credibilità del problema e così tutti, noi genitori e i nostri figli sonnolenti, ci crediamo per un po'.
Poi, passata la tempesta, il figlioletto decide di reimpegnarsi, e siamo tutti contenti che sia guarito.
Questi strani sonni possono però diventare delle abitudini, delle troppo facili vie di fuga, utili per tutte le occasioni; possono anche peggiorare e trasformarsi in cronica stanchezza, magari con disturbi di concentrazione e memoria. Sarà quindi opportuno non cascare troppo facilmente in questi giochetti, ma eventualmente cercare di affrontare, se si può, il problema che ha determinato il "sonno".
Se non si può, sarà comunque opportuno dimostrare di capire che c'è qualcosa che non va e spiegare direttamente e chiaramente quello che pensiamo riguardo alla loro stanchezza.

Questo è un punto importante da riconoscere perché sempre, quando la situazione diviene più difficile, si cerca la colpa di qualcuno e questo qualcuno finisce spesso per essere chi ha minor forza... e non sempre sono i ragazzi.
L'adolescente in famiglia determina quindi cambiamenti che modificano il comportamento di tutti, genitori, nonni, fratelli e chi altro è direttamente vicino al nucleo familiare.

Quando ci accorgiamo che ci sono dei problemi è sempre bene stare attenti a non parlare di colpe, neanche riferendoci a noi stessi: **dobbiamo infatti pensare che ognuno agisce in buona fede, e giustamente cerca di fare quello che può per mantenersi la possibilità di vivere bene in famiglia**.
In particolare dobbiamo ricordare che noi genitori, ognuno per quello che può, cerchiamo di agire per il meglio nell'educare e guidare i nostri figli.
Pensando a quello che si è fatto è allora più utile non rammaricarsi di avere commesso errori, ma pensare semplicemente di non essere stati abbastanzi accorti e di dover rivedere la nostra posizione per fare meglio. Del resto, si sa, tutti sbagliano, tutti sbagliano sempre, è inevitabile. È però importante poi essere critici e accorgersene, invece che continuare diritti e contare fatalisticamente nella fortuna perché la situazione non peggiori.

☆ ☆ ☆

Lo sviluppo fisico, sessuale e intellettuale sono i tre pilastri che, poggiando su un'infanzia vissuta con serenità e sicurezza interiore, consentono all'adolescente di costruirsi un proprio esclusivo modo adulto di essere: è il processo psicologicamente fondamentale che gli permette di diventare autonomo e staccarsi dai vecchi affetti infantili per spostare la sua capacità di dare amore fuori dell'ambito familiare.
**I nostri figli hanno sviluppato la loro personalità durante tutta**

**l'infanzia, sotto l'ombrello protettivo della famiglia**, e hanno definito il proprio carattere e il modo di reagire nelle varie situazioni. Crescono però prendendo come riferimenti emotivi, morali e comportamentali noi genitori, senza discuterne le possibili contraddizioni perché non le vedono. Se rimanessero così continuerebbero tutta la vita a cercare di eseguire quello che ritengono essere il nostro pensiero. Non riuscirebbero mai a distinguersi da noi, ma ne sarebbero solo delle cattive copie.

**Le nostre figure durante l'adolescenza cambiano di significato e,**

### ADOLESCENTI E TEATRO

I ragazzi timidi e bloccati faticano a sperimentare ruoli diversi e tendono a fermarsi subito su quelli più "facili", quelli che emotivamente li impegnano meno, o almeno loro credono che sia così. Oggi provare a recitare è un po' alla portata di tutti: nascono qua e là compagnie teatrali amatoriali o parrocchiali alle quali non è difficile partecipare, oppure ci si può iscrivere a scuole di recitazione ormai presenti in molte città.

Recitare significa provare ruoli diversi dai nostri abituali, accorgersi che si può osare e diventare cattivi, vittime, irritabili, vanesi, disinibiti, affranti dal dolore o pieni di gioia senza subire conseguenze spiacevoli. Anzi, i ragazzi impareranno che comportamenti più sciolti avvantaggiano e non determinano un aumento di rischi nello stare con gli altri.

Certo, recitare non significa portare nella vita quotidiana i ruoli sperimentati sul palcoscenico, però sapere come fare e imparare una maggior libertà nell'esprimere movimenti, emozioni e sentimenti è un indubbio vantaggio. Inoltre stare sul palcoscenico è un po' stare sopra gli altri, sopra il pubblico: l'attività teatrale permette una rivalutazione di se stessi e delle proprie capacità, rivalutazione utile soprattutto per quei ragazzi afflitti da complessi di inferiorità nei confronti degli altri e che potranno trovare in ruoli adatti una chance di rivalutazione di se stessi.

Bisogna aggiungere che se da un lato l'esperienza di drammatizzazione è senz'altro utile e formativa, dall'altro occorrerebbe poter scegliere, se possibile, gruppi di recitazione a impostazione didattica.

**mentre prima erano i loro ideali, divengono solo i loro termini di paragone**.
Diventano i prototipi, le immagini mentali di quello che considerano essere un uomo e una donna: diventano oggetti di studio da contestare e modificare o perfino distruggere, se ci riconoscono come troppo sbagliati.
In ogni caso sono il loro punto di partenza, il riferimento in base al quale imparano a giudicare se stessi e tutti gli altri, quello con cui confronteranno ogni caratteristica che potranno osservare o cercare negli altri, sia in un rapporto affettivo che in una guida morale, in un amico o in un nemico. Gli altri gli appariranno allora belli o brutti, buoni o cattivi, alti o bassi, onesti o disonesti, tirchi o spendaccioni, rigidi o liberali, lavoratori o sfaticati, in relazione al giudizio che via via elaboreranno a questo proposito nei confronti dei componenti della nostra famiglia.
È come se partissero conoscendo prima una persona, poi due, poi tre: ogni persona successiva la confronteranno automaticamente con l'idea che si sono fatti di quelle, importanti, con cui hanno avuto a che fare prima. Dall'esperienza delle conoscenze successive trarranno comunque nuovi concetti con i quali modificheranno, più in apparenza che nella sostanza, il giudizio sulle prime, per esempio sui genitori.

In questo periodo il rapporto con i genitori è ancora molto fluido, anche se va via via irrigidendosi.
Nell'infanzia avevamo visto che si era andato costituendo il cosiddetto complesso edipico, caratterizzato dall'attrazione dei ragazzi verso il genitore del sesso opposto e l'accentuarsi della conflittualità verso quello dello stesso sesso.
Alle soglie dell'adolescenza sembrano farsi più acute le difficoltà fra madre e figlia e padre e figlio.
Nel primo caso sembra volersi stabilire un'alleanza tra figlia e padre, che in modi diversi tendono ad aiutarsi nel difendersi dalle presun-

te prevaricazioni materne. Viceversa, madre e figlio si alleano contro il padre.
Queste alleanze prendono forma poco alla volta, e permettono ai ragazzi di sperimentare un primo modo adulto di stare insieme con qualcuno di sesso opposto.

**Noi genitori non siamo più solo i tutori della crescita dei figli, ma assumiamo un ruolo molto più complesso: un momento siamo l'ideale femminile o maschile, un altro i persecutori**, un altro i custodi dei loro segreti, un altro i loro inquisitori... e via via, ci attribuiscono tutti i ruoli possibili. In effetti sono i figli che cambiano, e per poterlo fare ci usano. Ogni due balzi in avanti ne fanno uno indietro nell'infanzia, ma poi si riprendono e ne fanno altri ancora avanti.
Poco alla volta selezionano i comportamenti che a loro sembrano i migliori soprattutto per stare in mezzo agli altri ragazzi. Come teatranti, provano e riprovano numerosi ruoli sul palco della vita alla ricerca di quelli a loro più congeniali.
Come su una vera scena teatrale, all'inizio le prove della rappresentazione sono piene di entusiasmo e vitalità anche sfrenata. Confusione, allegria, vestiti sgargianti, turbinio di attori e voci, urla, corse, conquiste di parti ambite.
Poi il regista della commedia riprende tutti, ricorda loro il motivo per cui sono lì e li obbliga a guardarsi allo specchio. Loro si guardano e improvvisamente si accorgono degli errori, delle gaffe e si sentono venire freddo.
L'interpretazione del ruolo comincia a divenire più stabile e più pensata, le emozioni provate nei goffi tentativi di darsi un'immagine lasciano il segno e divengono fonte di meditazione. Si avviano così a definire meglio la parte che rappresenteranno negli anni di mezzo dell'adolescenza.

☆ ☆ ☆

## IL VERO AMICO

Amici ne abbiamo nel corso di tutta la vita, ma la parola amico indica persone e modi di stare assieme molto differenti fra loro a seconda dell'epoca della vita in cui li troviamo.
**L'amico dell'adolescenza rimarrà poi per sempre il vero amico**: è infatti colui con il quale abbiamo condiviso la nostra lotta contro gli adulti oppressori, colui al quale abbiamo confidato i nostri pensieri che non potevamo più dire ai genitori e sul quale riversavamo i nostri problemi ascoltandone poi l'opinione; ma era anche colui che ci confermava nelle nostre decisioni prima che le mettessimo in atto, col quale dovevamo poter sempre comunicare anche per telefono, col quale di fatto eravamo in grande intimità.

Anche per i nostri figli l'amico mantiene questi valori. Anche per loro il telefono diviene un indispensabile mezzo per non perdere il contatto con l'amico neanche per mezza giornata. **L'amico, per loro, è un po' un altro se stessi, uno specchio in cui guardarsi e criticarsi, approvarsi, rincuorarsi**.
E se ha qualche caratteristica che pensano sia forte, che gli invidiano, diviene un modello a cui ispirarsi.
L'amico diventa il loro passepartout per uscire di casa, per trovare nuove amicizie, per soffrire meno quando hanno dei problemi. E guai se qualcuno glielo denigra, guai soprattutto a noi genitori: criticandolo lo avvicineremmo ancor più all'amico, che magari non apprezziamo per niente, rendendolo vittima anche della nostra incomprensione.
Inoltre aumenteremmo il loro desiderio di allontanarsi da casa, poiché sentirebbero dolorosamente che noi li consideriamo ancora dei bambini.
Se poi gli vietiamo di frequentarlo, allora per loro sarà drammatico perdere quell'amico e non ce lo perdoneranno: li costringeremo a sentirsi di nuovo soli e smarriti, ricacciati nel mondo infantile.

## IL PRIMO GRUPPO ADOLESCENZIALE

Se in casa le cose diventano sempre meno facili, neanche con i coetanei vanno sempre lisce. Oggi non è più come una volta, quando si aveva il gruppo dei compagni di scuola, ma c'era anche il tempo per frequentare altri, gli amici.
**Oggi, soprattutto durante la prima adolescenza, gli amici sono fra i compagni di scuola**. È il risultato di una scuola che si dilata e invade tutto, che affermando di voler valorizzare il ruolo della famiglia, la confina di fatto negli angusti confini di uno strumento immolato al dio dell'istruzione. Così i ragazzi vanno a scuola per sempre più ore, mentre le materie aumentano di numero e i contenuti si ampliano sempre più.
**Il tempo per frequentare i vecchi amici scompare** e anche quelle attività fisiche che molti cercano di praticare, come calcio, danza, scherma, atletica, pallavolo ecc., sono di fatto rubate al tempo della scuola.

Il gruppo dei coetanei diviene di fatto un sottogruppo della classe nel quale conta, e non potrebbe essere diversamente, anche la posizione scolastica.
Già alle elementari l'istituzione dei moduli degli insegnanti ha modificato il modo di porsi da parte dei bambini di fronte all'autorità scolastica: gli insegnanti sono più preoccupati delle loro reciproche relazioni e hanno, per così dire, costretto i bambini a unirsi più strettamente in gruppo trovando fra loro quell'affetto che i maestri e le maestre attualmente fanno fatica a dare. Si potrebbe dire che sono costretti a maturare prima.
Arrivano però così all'adolescenza avendo già una buona esperienza dei vantaggi dell'agire in gruppo e di come si possono gestire i professori. **Il gruppo diviene sempre di più la nuova famiglia, il luogo dove si impara come stare al mondo e come difendersi dagli adulti**.

È però anche un gruppo diverso da quelli precedenti e ciò è dovuto alle difficoltà che i ragazzi vivono in relazione alla maturazione sessuale e intellettiva e ai problemi di adattamento conseguenti. È di norma composto da ragazzi dello stesso sesso, fra i quali in questo periodo è più facile stare: i maschi o le femmine, dal nucleo protetto del loro gruppo, osservano e fanno incursioni nel gruppo del sesso opposto.

**Le femmine attribuiscono ai maschi caratteristiche criticabili** e sgradevoli, atteggiamenti e comportamenti poco intelligenti e pericolosi e si limitano a salvarne il puro aspetto estetico. Dicono che sono tonti, fissati, gasati, superficiali, senza rendersi conto che non fanno che attribuire ai maschi ciò che temono possa venir detto di loro stesse.

**I maschi fanno altrettanto** e le critiche, riportate all'interno del gruppo di appartenenza, li rinforzano nelle loro convinzioni. **Il risultato è che viene in tal modo controllato il desiderio istintivo di correre dietro a qualcuno del sesso opposto**. Anzi, in questo periodo a loro sembra di potersi capire solo tra femmine o tra maschi: nascono così intensi legami, anche molto intimi, tra amici dello stesso sesso.

Nel gruppo in questo periodo troviamo le persone più diverse, come se la mancanza di omogeneità fosse una necessità: forse lo è proprio, e i ragazzi ricercano attivamente i contatti con le persone più diverse per sperimentare attraverso di loro i più diversi modi di essere.

Il gruppo diventa infatti l'espressione dilatata del ragazzo stesso: lui e il gruppo sono la stessa cosa, anzi il gruppo è la pelle con la quale imparare a sentire gli stimoli che vengono dal mondo.

Allora avere una pelle fatta di tante persone diverse aiuta a capire che esistono tanti modi diversi di essere, di percepire e di comportarsi. **Ognuno gioca un suo ruolo, ma nel farlo comunica l'esperienza a tutto il gruppo, che trova nella diversità dei suoi compo-**

**nenti il motivo per stare insieme**. Ognuno interpreta atteggiamenti, emozioni e comportamenti che anche gli altri hanno in sé ma che temono di esprimere, preferendo manifestarne altri, quelli a loro più congeniali; attraverso gli altri membri del gruppo faranno invece esperienza e vivranno anche quegli atteggiamenti che temono. In tal modo possono vivere in sicurezza nel gruppo tutte quelle parti della loro personalità che hanno timore di esprimere.
Si potrà allora essere leader o gregario, incosciente o prudente, vivace animatore o passivo fruitore, onesto o furbo, superficiale o profondo, senza che il ruolo crei minacce eccessive alla propria autostima.
**Il gruppo diviene quindi il posto dove si può stare senza paura di dover affrontare sofferenze impossibili**.
È un luogo sicuro, più della famiglia, dove tutto ciò che avviene sembra dolorosamente immodificabile. Più della scuola, dove le emozioni difficili sono sempre in agguato; più ancora del mondo degli adulti, nel quale il nostro io, con la nostra dignità e il nostro amor proprio è esposto a pericolosissime evenienze sconosciute.

Poi nel gruppo qualcuno trasgredisce e rompe la regola che dice che tutti devono essere dello stesso sesso: sono le spinte fisiologiche che prendono il sopravvento.
Ci si accorge che gli altri, quelli del sesso opposto, i maschi per esempio, nonostante tutte le critiche che le ragazze perfidamente gli rivolgono, sono sempre lì, resistono e crescono e forse hanno anche parti buone.
L'errore di valutazione sembra apparire come d'incanto a riparare tutte le passate maldicenze e nasce l'attrazione eterosessuale; i ragazzi modificano allora l'atteggiamento nel gruppo e non sentono più così pressante la necessità di esserne protetti. **Il gruppo piano piano si modifica e perde la caratteristica di essere composto da persone dello stesso sesso, di essere un gruppo omosessuale, per diventare sempre più un gruppo misto, eterosessuale, ma**

**più omogeneo nelle caratteristiche socioculturali dei membri che lo compongono.**

## ADOLESCENTI E PROFESSORI

Nel mondo dell'adolescente, qualsiasi siano i suoi rapporti con la scuola, i professori costituiscono l'altro riferimento importante su cui provare e tarare un personale modo adulto di confrontarsi con gli altri.
Spesso gli insegnanti sono solo sfiorati da questo incarico importante e intrigante del quale sono perfettamente a conoscenza, ma che fanno molto presto a dimenticare. Così come dimenticano che la capacità di farsi ascoltare è appunto strettamente connessa con quello che loro sono, più che con quello che loro sanno. **Ai ragazzi sarà più facile rapportarsi con quegli insegnanti che non recitano la parte, che, sereni per quel che sono, non utilizzano camuffamenti da persone più o meno autorevoli**. Camuffamenti che i ragazzi subodorano immediatamente perché segnalano subito una difficoltà in una persona che per definizione non dovrebbe averne.

Questa introduzione serve per dire quanti dei problemi dell'adolescenza, e anche precedenti, dipendano dalla scuola intesa come palcoscenico dove recitano i professori nel loro ruolo di uomini e donne. Mentre alle elementari si dà grande importanza anche a questi aspetti personali della relazione educativa, successivamente questo non avviene praticamente più.
Sarebbe invece importante per i professori, più che per molte altre categorie professionali, avere un aiuto alla conoscenza di se stessi che li renda meno fragili e quindi riduca in loro quell'atteggiamento difensivo che pervade il mondo dell'insegnamento nella sua globalità.

☆ ☆ ☆

**Un altro aspetto psicologico importante, ma molto spesso sottovalutato, è la funzione che gli insegnanti hanno nell'aiutare i ragazzi a definire il proprio ruolo sessuale**. Gli insegnanti sono modelli da copiare o contestare, ma sono modelli anche nella capacità di interpretare il ruolo di maschio o di femmina. Non solo, gli insegnanti tendono a comunicare il proprio modo di vedere il mondo anche a seconda del sesso a cui appartengono, cioè tendono a comunicarlo al femminile o al maschile.

Anni fa nella scuola il numero degli insegnanti di entrambi i sessi si equivaleva, oggi, per motivi diversi, osserviamo una netta prevalenza delle donne insegnanti in tutto il cammino scolastico. Queste, senza volerlo, insegnano un mondo al femminile: per esempio già nel primo giorno di scuola, in prima elementare, a bambini e bambine viene insegnato a contornare la prima pagina con un fregio, come se facessero un merletto.
Successivamente, con grande probabilità, i ragazzi si potranno trovare nei moduli tre, fino a sei maestre contemporaneamente. E successivamente le cose non cambiano granché né alle medie né alle superiori.
L'importante modello di autorità, di cultura esterno alla famiglia, cioè il professore, sarà dunque quasi sempre donna, e questo squilibrio porterà alcune difficoltà sia ai ragazzi che alle ragazze. **Nell'adolescenza c'è già una difficoltà a trovare e rassicurarsi nel proprio ruolo sessuale, perciò l'influenza di persone importanti come i professori può agire in modo determinante**, soprattutto se a casa il padre non c'è o, come spesso accade, manca di interesse nei confronti della famiglia.
A scuola dunque abbiamo quasi tutte professoresse e qualche professore spesso a disagio fra tante donne. Le professoresse incarnano il ruolo della donna sicura, vincente, e in tal modo comunicano, sicuramente senza volerlo, un concetto importante. Le conseguenze di questo messaggio faranno presa soprattutto se anche a

casa c'è una mamma scontenta del proprio ruolo e che esprime vivaci insoddisfazioni.

In questi anni emergono vistosamente le conseguenze di ciò: **osserviamo ragazzine sì molto più sicure di sé, ma anche più impegnate e arriviste** dei coetanei e dei ragazzi più adulti. Queste ragaz-

### A SCUOLA COI PROFE

La scuola dei professori è già un'altra cosa. Ci sentiamo più grandi e ci accorgiamo che è più difficile farci capire dai professori: sono come più distanti da noi e ci trattano come se fossimo uomini. Tutto questo ci piace, ci fa sentire importanti, ma è sicuramente più difficile andare a chiedere consiglio o aiuto. Anche a casa, passati i primi giorni di scuola, ci danno meno retta, anzi sembra quasi che i problemi a scuola li abbia solo il fratello piccolo.
Fino a quando non portiamo a casa un'insufficienza o peggio; allora, dramma, relazione della mamma al papà e in un attimo viene messo in crisi quel diritto all'autonomia che credevamo facesse parte del nostro diventare grandi. Forse un po' di aiuto non ci sta poi male! Le materie iniziano a essere più approfondite e più pesanti, i genitori faticano a starci dietro, anzi ci accorgiamo che spesso non le capiscono proprio, e il loro aiuto diventa poco a poco solo un: "Dai studia!"
Ci accorgiamo anche che ogni tanto, su qualche argomento, siamo noi che possiamo fare lezione in casa.
Se da un lato proviamo piacere nel sentirci più importanti, più grandi, dall'altro ci sentiamo più soli davanti alla scuola, e dietro, alle spalle, i genitori a chiedere e a caricarci a più non posso del peso della responsabilità nello studio. Il fatto che i genitori ci seguono meno fa sì che i loro rimproveri per le nostre presunte svogliatezze siano spesso fatti a sproposito e senza la giusta conoscenza dei fatti.
Questo ci addolora e ci insegna che possiamo subire un'ingiustizia a causa della superficialità di chi è sicuro di conoscerci fin troppo bene: cominciamo anche così ad accumulare dubbi sulle capacità e sull'ampiezza di vedute di mamma e papà.

ze affrontano spesso la vita negando a priori il ruolo di moglie e madre, o pensando di rinviarlo, come se fosse un optional del proprio essere donna, dopo i trent'anni o giù di lì. Prima pensano di dover soddisfare la sete di felicità e successo. Le osserviamo quindi programmare il proprio futuro con piglio da manager e calcolare freddamente se conviene o no sposarsi e avere figli.

Il nostro dovere di studenti diventa sempre più una cosa astratta, un concetto generale ormai slegato dalla buona prestazione nella singola materia: lievita dentro di noi sgradevolmente e diventa un codice interno difficile da rispettare, che ci costringe a varie strategie per togliercelo dalla testa e poter vivere bene i nostri momenti di svago. Quando non riusciamo ad allontanarlo dalla mente, ci riporta inesorabilmente davanti ai libri, magari senza che ci entri niente in testa, ma lì.

Per fortuna che a scuola ci sono anche i compagni, e con loro nascono salde alleanze antiprofessori: la classe diventa di fatto il nostro laboratorio sperimentale, dove studiamo come si fa a gestire in piccoli gruppi, e nei casi più gravi tutti assieme, l'orrendo persecutore.

Questa è vera scuola di vita! Per fortuna non tutti i profe sono così. Ci sono anche quelli umani, quelli che fanno gli umani, quelli che vengono a scuola perché si divertono a farsi ascoltare, quelli che sfogano le loro frustrazioni in eterni comizi, quelli che pensano ad altro, insomma quelli che non rompono e che sono, per fortuna, la maggioranza. Ma c'è sempre un persecutore, un profe che non ci lascia la possibiltà di farci capire e ci inchioda. Così impariamo a essere inchiodati.

Bellissima esperienza, che aiuta a maturare, ma un po' dolorosa. C'è chi non riesce a farla subito, ma prima o poi capiterà anche a lui!

Sono i famigerati, blanditi, invidiati, temuti primi della classe: il peggio è il primo della classe. Capiamo già da subito che, anche se lo invidiamo, deve trovarsi in una posizione scomodissima che gli rende estremamente complicato imparare come si fa a rimettersi dalle batoste, e gli rende anche meno facile prendere periodicamente a calci il senso del dovere e divertirsi o fare marachelle a cuor leggero.

Lo invidiamo, ma pensare di essere come lui un po' ci angoscia. E poi ce la farà ad andare avanti così tutta la vita?

**Osserviamo maschi indecisi, fragili**, generalmente più tristi e in difficoltà nel trovare il loro giusto ruolo. Ci appaiono meno sicuri nel camminare, nel vestire, nel parlare.
Insicuri anche nelle scelte di lavoro, timorosi delle responsabilità, incapaci di staccarsi dai vantaggi del restare in famiglia. Sembra che non siano neanche più capaci di corteggiare le ragazze, anzi, da qualche anno ormai sono le ragazze che tendono a prendere l'iniziativa e gli corrono dietro.

Prova diretta di questa fragilità è anche la constatazione che sono sempre più i maschi a deragliare dal rispetto delle regole sociali: la devianza giovanile, e in particolare quella costituita da piccoli delinquenti, spacciatori, tossicodipendenti, pazienti psichiatrici, è da sempre la situazione di rifugio, a volte vera scelta di vita, per chi non ce la fa a fare la persona normale.
**Se ci pensiamo, fare la persona normale non è poi così facile: per esserlo dobbiamo essere disposti a sopportare i doveri, le fatiche e le frustrazioni che ci richiede la società per restituirci poi, non sempre, un po' di felicità**. Chi non è disposto a pagare questo prezzo alla società cerca un modo più facile, oppure si arrende e si tira fuori dalla competizione ammalandosi.
Questi ragazzi che non ce la fanno sono appunto in grande maggioranza maschi, e la differenza di numero fra loro e le ragazze che compongono questo universo della devianza giovanile tende di anno in anno ad aumentare.

L'altro dato suggestivo è che nelle fasce di età della seconda adolescenza c'è una maggior tendenza dei maschi al suicidio, e il suicidio è un segnale sociale importante di fragilità, incapacità, depressione.
**Come genitori è importante porci questi problemi e cercare di correggere quelle tendenze sociali che riteniamo sbagliate**. Le assemblee dei genitori, ormai non più così utilizzate come una volta, possono servire anche per portare queste osservazioni a scuola.

☆ ☆ ☆

Dopo aver detto questo per ricordare che **le responsabiltà della scuola sono solo in minima parte valutabili nei voti e nei giudizi che riesce ad attribuire agli allievi**, riflettiamo ora su cosa sono i "profe" per gli adolescenti.

**Prima di tutto il profe è per definizione colui che sa e trasmette la propria conoscenza, anzi è colui che sa più dei propri genitori.** Colui che sa è da sempre oggetto di ammirazione, e quindi anche solo per questo motivo gode di molto prestigio.
È però anche colui che pone delle regole da rispettare, e quindi colui con il quale si scontra la sete di libertà dell'adolescente. Per di più è un adulto, l'unico col quale i ragazzi abbiano contatto per diverse ore ogni giorno, e un adulto con tanto potere.

Di fatto i professori acquisiscono con gli anni un proprio modo di stare in classe, e di controllare la classe, che tiene soprattutto conto delle loro necessità personali. Per lo meno questo è ciò che gli adolescenti pensano, spesso delusi nei loro tentativi di farsi capire quando tentano di giustificare qualche atteggiamento eccessivo o qualche cattiva prova scolastica, o anche quando cercano un ascoltatore per quelle che ritengono loro originali riflessioni.
Questo tentativo di instaurare un rapporto fondamentalmente affettivo che sa tanto ancora di infanzia si scontra con il desiderio di non essere controllato, di tenere per sé tutto ciò che non ha direttamente a che vedere con l'area di gestione del professore. Man mano l'atteggiamento diventa sempre più del secondo tipo, di esclusione dell'insegnante dalla propria sfera emotiva, nella quale entra sempre più il gruppo dei coetanei.

A parte i casi di infatuazione o eccessiva ammirazione, che peraltro ci sono, il profe diviene a tutti gli effetti l'altro, l'avversario con il quale giocare una partita a scacchi in cui l'adolescente parte sotto scacco, ma via via riesce a conquistare pezzi con l'obiettivo, in età adulta, di essere lui a dare scacco matto. Acquisisce cioè sempre più la conoscenza delle tecniche dell'avversario, impara ad aggirarlo, a fargli perdere tempo, a distrarlo sui temi a lui più favorevoli, ad accumulare rabbia e tensione nei suoi confronti per avere il coraggio, in casi disperati, di finire anzitempo la partita, andarsene offeso e, al limite, abbandonare gli studi.

☆ ☆ ☆

**La prima adolescenza, forse l'unica adolescenza vera, mette in grado di diventare gli adulti richiesti dalla società**, preme il bottone che attiva l'uomo o la donna, e poi si potrebbe parlare della maturità. Può essere così per coloro che abbandonano presto gli studi e cercano un lavoro per guadagnare, ma non è così per la maggioranza. La maggioranza dei ragazzi prosegue negli studi e per questi l'adolescenza continua... e nascono i problemi.

# ANNI 15-18: I FAVOLOSI SEDICI ANNI E DINTORNI

## I BRUFOLI, IL CIBO, LA VERGOGNA

È difficile capire per chi siano stati favolosi i sedici anni. Probabilmente per chi li osserva, i sedicenni, e vorrebbe che gli odori, i sapori, i suoni, le ansie, i drammi, le gioie, i sentimenti, le emozioni, le speranze avessero ancora l'inquietante vivacità e la forza di quei tempi. Ma quelli sono i ricordi delle sensazioni, le prime sensazioni col sapore di essere nostre e solo nostre, vissute per noi e per nessun altro. Non sono i ricordi del caldo crogiolo di pensieri di quei tempi, che ci scaldava il cervello fino al limite di fusione. Non sono i ricordi delle contraddizioni che ci obbligavano a coscienti e incoscienti equilibrismi per sopravvivere. **Osserviamo i nostri figli: in questi anni sembra inizino a diventare più definiti e decisi nel modo di essere e di apparire**.

Le figlie a sedici anni mostrano ormai un corpo da donna. Le forme vanno via via armonizzandosi e trovano un modo di convivere con se stesse, anche se c'è pur sempre un qualche "grave" difetto che le fa sentire male quando sono osservate. Ci può essere anche qualche rotondità di troppo che attira, per lo meno lo pensano, gli sguardi non innocenti dell'altro sesso. Accettarsi vuol dire allora darsi la possibilità di sfruttare al meglio le proprie caratteristiche fisiche, magari correggerle, ma non combatterle riversando tutte le proprie energie in queste battaglie a favore, o è meglio dire contro, il proprio corpo. **Oggi la possibilità di correggere tutto o quasi porta ragazzi e ragazze a farsi violenza per rendersi desiderabili secondo i canoni del momento**: i ragazzi con gli apparecchi ortodontici, con le lenti a contatto, magari colorate, con apparecchi ortopedici di vari tipi sono diventati la normalità. Anzi sembra essere diventato addirittura desiderabile l'uso dell'apparecchio per i denti, quasi sia più un abbellimento che una schiavitù.

E poi la chirurgia estetica: le mamme vi sottopongono le ragazzine perché godano della bellezza che a loro, madri, è stata negata. Il corpo diventa anche un oggetto da abbellire con muscoli tonici, anelli e tatuaggi ovunque.

**Assistiamo sempre più al tentativo di ricondurre le nostre ansie al corpo, quasi volessimo esorcizzare, ancorare le ansie dell'anima al solo problema che il nostro corpo non deve stonare fra gli altri corpi**.

La maggior parte dei maschi desidera allora dimostrare forza e perciò acquisire peso, le femmine temono di ingrassare e desiderano quel corpo snello indicato, soprattutto dalla mamma, come il più desiderabile per una donna.

In effetti quelli o quelle adolescenti che continuano a farsi rendere la vita difficile o impossibile dalla pancia o dai brufoli, senza riuscire a spostare altrove la propria attenzione, tendono a restare superficiali e infantili. Sono bloccati per anni nei loro interessi appunto dalla pancia e dai brufoli, anche dopo che sono scomparsi, senza essere mai riusciti a rimuovere l'attenzione dal proprio corpo per spostarla anche su altri problemi, su altre persone, sul resto del mondo.

Assistiamo alla crescita dei figli e ci accorgiamo delle difficoltà e dei loro tentativi di risolverle. La tentazione è di consigliarli e spiegare cosa devono fare; possiamo anche farlo, ma con grande tenerezza, senza caricare le nostre indicazioni del significato di consiglio da eseguire, cioè ordine, che riserviamo ad altri argomenti. Un consiglio dato così per caso, anche con un po' di fatica, come se ci avesse-

## CHE FARE PER NON ARROSSIRE?

Ereutofobia è la paura di arrossire. Arrossire può diventare un grande problema perché tradisce l'imbarazzo, il disagio in certe situazioni dove tutto si vorrebbe dimostrare tranne la propria fragilità.
Arrossire rivela il desiderio negato, di cui non si ha coscienza, di mostrarsi, di esibirsi, anche nella propria sessualità: arrossicono infatti le parti del corpo esposte, non coperte dai vestiti, proprio quando si cerca di non dare a vedere questo nostro desiderio di comparire, quando ci si vergogna per qualcosa che non si ritiene opportuno mostrare in quella situazione. Tutto questo avviene senza che ce ne rendiamo conto, e arrossire diviene un messaggio che scavalca la nostra volontà e i nostri freni inibitori. Per esempio, quando si fa una brutta figura, arrossire tradisce il desiderio opposto, cioè di fare bella figura: se non ce ne fosse importato niente non saremmo arrossiti. Così se una persona che ci interessa fa un complimento alla bellezza del nostro corpo, o riteniamo in generale questa nostra qualità molto qualificante sessualmente, arrossiremo sentendoci scoperti nelle nostre intenzioni che, consciamente o meno, non vogliamo comunicare. Diremo che siamo timidi, e con queste parole non faremo altro che confermare il nostro interesse nei confronti di quella persona.

**Che fare allora?**

Abbiamo tanto più timore del nostro arrossire quanto più lo riteniamo in grado di svelare i nostri sentimenti privati. Poi se non siamo capaci di convincerci che il nostro arrossire sia una qualità desiderabile, un segnale accattivante, potremo cercare di rimuovere ciò che lo determina e magari camuffarci per non attirare l'attenzione. Se siamo ragazze, facciamo allora come quella donna manager che nasconde la propria femminilità per non incappare nelle seduzioni sessuali che le intralcerebbero il lavoro: siamo sicure che lo vogliamo fare? Non è meglio imparare un po' di autocontrollo, e cercare di gestire le situazioni invece di essere gestite?
In tutti i casi non dovremo farne una malattia: man mano che cresciamo noi ragazze vivremo la nostra femminilità, e noi ragazzi la nostra mascolinità, con più sicurezza, man mano riusciremo a risolvere quelle "code di paglia" che ci fanno sentire così vulnerabili quando stiamo con gli altri, e come d'incanto il nostro rossore tornerà a essere un semplice vezzo.

ro estorto un grande segreto, ha molte più probabilità di essere sperimentato e fatto proprio. **Dobbiamo ricordarci sempre che i consigli agli adolescenti servono a ben poco, molto spesso solo a far sì che facciano il contrario. Più utile è suggerire, anche non direttamente e con un po' di astuzia, le esperienze da provare.**
Saremo contenti di osservare che loro imparano anche da queste nostre esperienze, soprattutto se possono credere di viverle come personali, decise da loro.

**Il corpo comunque cresce e si forma e fornisce la base concreta con cui impadronirsi del mondo: si viene così pervasi dalla sensazione di forza e di potere. Ci si accorge di rientrare un po' alla volta nella norma**. Di non essere poi così alti, così piccoli, così grassi... ed è vero. Le sproporzioni tendono ad attenuarsi e tutti perdono progressivamente sia quegli ultimi segni fisici dell'amata infanzia, sia le disarmonie del corpo adolescente.
Il corpo diviene poco alla volta, soprattutto nelle ragazze, non più un cruccio personale, ma qualcosa da utilizzare come messaggio sessuale. Qualcosa che funziona, meraviglia!, anche se ci sono ancora un po' di brufoli o qualche chilo di troppo. Questo messaggio diviene di anno in anno chiarissimo. Anche nella scelta dei vestiti i gusti si modificano, e li cercano nei mercatini e li indossano guidate sempre più dal desiderio di essere gradite ai ragazzi.
Per i ragazzi avviene lo stesso, ma in modo meno evidente. Loro, in fondo, sentono che l'importante è farsi apprezzare come uomini, più che farsi apprezzare per i pregi estetici.

## Sessualità prorompente

Ma ci sono altri problemi relativi allo sviluppo sessuale che assumono una particolare importanza durante questo secondo periodo adolescenziale.

Verso i quindici anni gran parte delle ragazze ha già un ciclo mestruale. Molte lo hanno già da tempo e quelle che sono state più precoci sembrano già a tredici, quattordici anni donne fatte.
Per queste è necessario ricordarsi che il corpo da donna non corrisponde ancora a un'emotività da adulta, né a un'intelligenza adulta. I genitori lo sanno, ma la gente spesso no, e **sarà allora indispensabile essere vicino alla ragazzina e proteggerla per evitare che la precocità non si trasformi in uno svantaggio emotivo e nei rapporti con gli altri**. Gli altri sono anche i coetanei maschi che da un lato apprezzano esteticamente le compagne, dall'altro le temono, sentendosi in qualche modo non alla loro altezza.
È anche vero che queste ragazze avvertono che ci sono dei problemi, e che spesso li risolvono assumendo un atteggiamento materno nei confronti dei coetanei che appaiono ancora piccoli.
Le più ardite cercano nei più grandi la possibilità di trovare degli interlocutori meno in difficoltà. Se però sono un po' timide possono sentirsi sgradevolmente al centro dell'attenzione, vergognarsi nel sentirsi diverse e chiudersi: sarà allora utile ascoltarle, non tanto per convincerle della normalità del fatto, ma per fornire il segno concreto che le comprendiamo e che non sono sole. **Occorre ascoltarle, non discutere il fatto che si sentono a disagio: le parole non hanno la capacità di convincere nessuno che quello che prova non è vero**, e un ascolto sereno può comunicare quella fiducia in se stessi che in questi momenti evidentemente manca. In altre parole se una figlia avverte che una mamma, pur dando segno di capire il problema, resta serena e fiduciosa che la cosa passerà, farà propria un po' di questa sicurezza e forse riuscirà a diminuire i suoi timori.

☆ ☆ ☆

Dall'altra parte le ritardatarie, che ancora attendono la prima mestruazione a quindici, sedici anni, vivono il problema opposto con preoccupazione, anche perché la loro immaturità sessuale è spesso piuttosto evidente nelle forme ancora poco pronunciate.

## MANGIARE O NON MANGIARE, QUESTO È IL PROBLEMA

Contiene più calorie una fetta biscottata con marmellata o una fetta biscottata con il miele? Dubbi amletici che ci ritornano giorno e notte e che ci fanno, nel vero senso della parola, vomitare. Ci troviamo disperatamente certe che il nostro sedere sporga e attiri sguardi impietosi, che la faccia sia più tonda di una luna piena e, sotto i vestiti, la pancia lieviti per farci rabbia. Per merenda abbiamo due cracker e temiamo che siano già troppi, meglio essere generose e regalarne uno, come siamo buone noi!

Adolescenza e comportamento alimentare raramente vanno d'accordo. Gli eccessi caratteristici di questo periodo si riflettono anche nell'alimentazione. L'alimentazione da sempre è un mezzo di comunicazione fra i genitori, e in particolare fra le madri, e i figli, e conserva questo significato per tutta la vita. Nell'adolescenza può assumere però un senso particolare l'attenzione al peso.
Attraverso l'alimentazione la mamma può continuare a controllare la propria figlia impedendone, con la scusa di aiutarla a gestire il peso, la responsabilizzazione nei confronti del proprio corpo.
La figlia, da parte sua, teme che sfuggire a queste preoccupazioni materne provochi una tale delusione nella mamma da mettere in crisi quel rapporto affettivo eccessivo di cui si è sempre giovata. Inoltre, proprio attraverso le diete e il cercare di annullare quelle forme che tradiscono lo sviluppo sessuale, potrà tentare di rimanere quella bambina di sempre che era tanto amata dalla sua mamma.
Le spinte all'indipendenza e alla ribellione sono però sempre forti ed esplodono incontrollate negli eccessi di cibo, le crisi bulimiche, che si portano dietro dolorosissimi sensi di colpa. Non solo, ma poi sono seguite dalla necessità di fare scomparire tutto, e allora potrà anche prevalere la tentazione di vomitare per purificare anima e corpo, e non aumentare di peso.
Per fortuna di solito non si giunge a questi eccessi e l'alimentazione, pur ennesima fonte di discussioni e litigi familiari, un po' alla volta diventa, giustamente, un fatto proprio delle ragazze, o dei ragazzi, ed ha una notevole importanza nell'imparare a vivere in armonia con il proprio nuovo

corpo; successivamente, quando quest'armonia è raggiunta, altri interessi prendono la prevalenza.
Perché anche questa tappa della crescita sia ben superata, probabilmente il modo migliore di porsi è cercare di essere il più possibile neutri, fornire con parsimonia i consigli se i ragazzi ce li chiedono, ma cercare di contenere le proprie ansie lasciando che i figli facciano le loro esperienze: questo è quello che succede normalmente.
Se però notiamo che nostra figlia non pensa ad altro che al peso e alle diete, allora all'opposto dovremo forse cercare di evitare di interessarci della linea, di cosa la figlia mangia o non mangia, trattandola a tavola come gli altri componenti la famiglia.
Sarà opportuno affidarla a un dietologo, meno coinvolto emotivamente, che la potrà consigliare e seguire meglio di noi. Noi potremo sempre parlare con nostra figlia di tante altre cose importanti, e con queste dimostrarle il nostro affetto. Cercheremo il più possibile di togliere il cibo dai nostri discorsi e dai giudizi che daremo di lei.
Cercheremo un accordo con il nostro coniuge nell'evitare di trattare l'argomento se non quando saremo soli; cercheremo di assumere un atteggiamento comune costante, coerente e non contraddittorio.
Quando poi chiederà che le venga preparata una dieta e si decide di accontentarla, sarà meglio non commentarla e non commentare le possibili trasgressioni né in bene né in male, neanche attraverso occhiate eloquenti al coniuge. Se proprio non ce la facciamo e dobbiamo intervenire, forse non è opportuno ricordare le proprie esperienze personali, che spesso sono molto vicine a quella della figlia, perché in tal modo si dimostra una preoccupazione eccessiva e, rivivendo nella figlia i propri antichi problemi, si perde in autorevolezza e lucidità.

Ci si dovrà preoccupare molto seriamente, invece, quando, oltre a tutto ciò, peso e diete diventano un tema che perdura e prevale in modo costante su qualsiasi altro interesse: queste ragazze dimostrano una tendenza all'eccesso di attività e riescono a raggiungere un dimagrimento irragionevolmente eccessivo, che può perfino bloccare il ciclo mestruale e che contrasta con la convinzione, che nessuno può azzardarsi a discutere, di essere ancora troppo grasse. In questi casi occorre rivolgersi velocemente, e senza timore, a persone o centri specializzati nei disturbi del comportamento alimentare.

Non si può allora far finta che il problema non esista, e occorre affrontarlo per permettere loro perlomeno di vivere con fiducia l'attesa. Affrontarlo significa dare alla ragazza la certezza di essere normale e rassicurarla.
Se ci rendiamo conto di non essere abbastanza credibili potrà essere opportuno farla parlare con il nostro medico di famiglia, così che si senta seguita e normale e non viva con vergogna la sua condizione.

Questi ritardi ormonali possono portarsi dietro anche una difficoltà ad agire in modo coerente con l'età: spesso queste ragazze preferiscono, quando sono con gli altri compagni, continuare a comportarsi in maniera più infantile delle coetanee, e rifiutano di guadagnarsi il ruolo che per capacità e intelligenza spetterebbe loro nel gruppo degli adolescenti.
Dare loro una mano non significa vestirle in modo più provocante, né combattere strenuamente gli atteggiamenti infantili, come molte mamme tendono a fare. **Sarebbe più utile invece cercare di comunicare loro che pretendiamo di avere a che fare con una che si comporta, almeno con noi, in modo adeguato alla sua intelligenza e che non siamo affatto preoccupati per il ritardo**, ma anzi, che potrebbe essere un vantaggio sia per la maggior facilità nel mantenere la linea, sia perché l'aspetto giovanile è un vantaggio che poi si conserva per tutta la vita.

☆ ☆ ☆

A sedici anni, e anche prima, i discorsi sul sesso divengono un po' alla volta normali, e a poco a poco tutte vi partecipano proponendo dubbi, dando spiegazioni o solo ascoltando. Ognuna confronta le notizie sparse, raccolte qua e là, e riduce i dubbi sulla propria normalità, si studia, si sperimenta anche solo immaginandosi di vivere le esperienze più disinibite attraverso i discorsi delle amiche.
L'interesse si sposta poi sempre più sui compagni: le nozioni sessuali sono ormai una conoscenza più che una fonte di curiosità, e il de-

siderio di confrontarsi come donna con qualcuno dell'altro sesso diviene impellente.

☆ ☆ ☆

I maschi però sono più indietro, e, anche se sono carini, non reggono il confronto con quelli "vecchi" di uno o due anni in più.
Il riflesso del ritardo nell'età di inizio dello sviluppo sessuale si mantiene per qualche anno.
I ragazzi hanno mediamente le prime polluzioni notturne, cioè le emissioni spontanee di sperma durante la notte, attorno ai tredici anni. Vengono vissute a volte con stupore, con preoccupazione, con senso di colpa. La mamma, che facilmente se ne accorge, invece di solito ne è felice, contenta del suo ragazzo che cresce; il ragazzo tutto può immaginare, ma non questa possibiltà.
**È da questa età che, sotto la spinta ormonale, l'attrazione per l'altro sesso può diventare importante e, nonostante sia nascosta da altre importantissime occupazioni, poco alla volta prende il sopravvento**. È però difficile imparare a stabilire relazioni con le ragazze, e intanto gli ormoni si fanno sentire.
L'autostimolazione degli organi genitali, cioè la masturbazione, è un evento normale che è sperimentato prima dei vent'anni dalla quasi totalità dei maschi. Il ragazzo lo sperimenta, soprattutto all'inizio, con gran senso di colpa e timore, magari ritenendosi per lungo tempo l'unico che lo fa tra gli amici.
Ciò è legato sia al luogo comune, presente anche fra gli stessi adolescenti, che ne fa un atto disdicevole, sia al senso di colpa nei confronti dei genitori, sia all'idea che tutto ciò che di negativo poi capita durante quel giorno sia legato appunto all'essersi masturbati. **Dal punto di vista medico, nella masturbazione non c'è niente di disdicevole né di pericoloso, anzi è un mezzo di conoscenza del proprio corpo, di rassicurazione sulla propria funzionalità** e quindi su se stessi.
L'esperienza può diventare negativa non solo quando diventa ecces-

siva, ma soprattutto se diventa un modo stabile di agire e non una tappa della propria crescita da superare.
La mamma, come sempre, è la prima a sospettare e preoccuparsi: lo osserva andare in bagno e starci troppo, lo vede stanco, con le occhiaie e dopo un po' può chiedere delucidazioni al marito.
A questo punto o il papà decide di parlare al figlio, più o meno seriamente, o rassicura la moglie dicendole di non preoccuparsi e chiude lì la faccenda.
In effetti, essendo l'esperienza personale e delicata, sarebbe opportuno non interferissimo mai direttamente. **Al massimo, se osserviamo che il figlio esagera, ma esagera proprio, potremo affrontare il tema in generale, quasi in modo fortuito, cercando di non porci come censori** e senza fare riferimento direttamente al ragazzo: potremo proporlo nell'ambito di un più largo e articolato discorso sul: "Cosa c'è che non va?" Anche in questo caso, se proprio non riusciamo a metterci tranquilli, possiamo chiedere la collaborazione del medico di famiglia, che è in una posizione certamente migliore per parlarne.

**Le ragazze sperimentano la masturbazione mediamente più tardi e comunque in una percentuale nettamente minore dei maschi**: ciò avviene spesso proprio come collaudo, sperimentazione su se stessa di quanto letto o sentito da amiche e mass media.
L'esperienza in entrambi i sessi aiuta a ridefinirsi sessualmente e nelle donne può permettere di provare l'orgasmo e rassicurarsi intorno a questo "ce l'avrò o non ce l'avrò" che, enfatizzato dai mass media, è uno dei dubbi che attualmente sembra affligerle di più.

☆ ☆ ☆

**Un altro problema dei maschi è relativo alla propria virilità, che è misurata spesso attraverso la lunghezza del pene**. Anche questo cresce in modo disomogeneo ed è vittima di miti sulla sua lunghezza e sulle qualità necessarie per riconoscersi virili.

È bene precisare subito che differenze di lunghezza anche molto pronunciate tendono a scomparire alla fine dell'adolescenza, e non è affatto detto che chi ce l'ha più lungo a quattordici anni mantenga poi questo record. A questa età però già una settimana sembra lunga, e quindi conta poco sapere che poi, fra qualche mese o qualche anno, crescerà.
**I ragazzi risentono di questo problema spesso anche a sproposito, quando non c'è nessun problema di lunghezza**. In quelli in cui c'è veramente, questo corrisponde di solito a un ritardo generale di maturazione sessuale e quindi a un corpo ancora tutto più infantile. Anche nel caso in cui i compagni non gli facciano notare che ce l'hanno piccolo, questi ragazzi avranno più difficoltà a imporsi, e per farlo avranno bisogno di dar fondo a tutte le loro risorse personali, emotive e di intelligenza.

Va da sé che chi non è capace di mobilitare le proprie risorse per cavarsela avrà grandi difficoltà a rassicurarsi in generale sulla propria sessualità, e tenderà a trovare conferma a quei dubbi di omosessualità che sono normali in un adolescente.
**Il padre, che è ancora l'uomo a cui confrontarsi, se si accorge delle difficoltà del figlio, potrà aiutarlo dimostrando di apprezzarne in generale le qualità** e cogliendo l'occasione per confidargli di avere avuto alla sua età gli stessi problemi, poi risolti.
La madre è meglio non banalizzi il problema, ma rispetti la tendenza del figlio a essere pudico e a non farsi vedere nudo: è preferibile che stia al gioco e gli comunichi che rispetta l'atteggiamento in quanto lo ritiene un momento dell'età e quindi di crescita. Sarà l'altro, il coetaneo con cui provarci o del quale accettare il corteggiamento, la prima vera conferma dell'essere donne o uomini. Potremo trovare allora negli occhi del nostro ragazzo o della nostra ragazza la nostra immagine finalmente sessualmente ben definita al di là di ogni dubbio.

☆ ☆ ☆

## SI SENTONO INTELLIGENTI?

Anche le capacità intellettuali migliorano, e in armonia con lo sviluppo del corpo contribuiscono a dare quel senso di forza interiore che trova il suo apice verso i diciotto anni. I ragazzi restano affascinati dalle loro stesse capacità logiche, e si accorgono che usarle e capire è bello e dà potere. Le maggiori possibilità mentali sono allora sfruttate per allargare gli spazi in cui essere indipendenti e progettare le azioni future. Cominciano a sentirsi uomini in corsa che guardano a un loro futuro immenso da colonizzare.
Sembra però che in famiglia queste nuove capacità non siano apprezzate, o meglio sono apprezzate solo quando fa comodo o mamma e papà vogliono fare bella figura con gli amici. In privato è tutta un'altra cosa, e i ragazzi si sentono contestare con un secco "taci" o un "perché no!" anche quegli argomenti nei quali si sentono così a loro agio, come se fossero ancora bambini. Ma non lo sono più, anche se la mamma continua a dire con tono cantilenante "oh la mia bambina, oh il mio bambino". **Essere trattati da bambini o da adulti secondo comodità è una cosa che diventa sempre più insopportabile di settimana in settimana**. Sembra che i genitori, con incosciente sicurezza e superficialità, approfittino del rispetto che i figli provano per loro, ma fino a quando? Forse non pensano che stanno passando per cretini?... O forse lo sono? Di certo i figli pensano che il desiderio dei genitori di avere ragione sia più forte di qualsiasi ragionevolezza.
**A forza di pensare capita che comincino ad avere dubbi sulle loro capacità e vadano in crisi. Prima o poi viene il momento in cui si sentono cretini, poco intelligenti, incapaci**. Queste svalutazioni irragionevoli delle capacità della loro mente sembrano legate a momenti di stanchezza, di incapacità a concentrarsi e a continuare a imporre la propria volontà. All'alibi di essere cretini loro ci credono e ne soffrono: essere cretini giustifica in modo accettabile, dal loro punto di vista, il fatto di non impegnarsi più di tanto nello studio o

### A SEDICI ANNI DENTRO LA TESTA?!

Sentiamo la nostra mente sempre più friggere e ampliarsi nel modo di vedere, di ipotizzare e di progettare: ci ritroviamo a sapere un sacco di cose e a spiegarle ai nostri vecchi. Ci accorgiamo che il loro modo di ragionare è lento, arrugginito, un po' ottuso e che forse non sono mai stati quegli esseri eccezionali che avevamo sempre pensato. I nostri tentativi di convincerli delle cose più banali si scontrano con la loro incapacità di seguire i nostri discorsi. Ci dobbiamo convincere dell'impossibilità che uno, superati i quarant'anni, possa cambiare idea. L'idea che dobbiamo accettarli così, perché non possono essere diversamente, comincia a sfiorarci.
Ma i "no" irragionevoli non possiamo accettarli: se il nostro senso di colpa, se la nostra moralità ce lo concede, qualche piccolo aggiramento degli ostacoli, a fin di bene, si intende, si può fare. Sono trasgressioni legittimate dal fatto che non si può fare altrimenti, e dal fatto che non è colpa nostra se non capiscono quello che gli proponiamo. Quando poi le cose vanno bene e loro non si accorgono di essere stati "aggirati" siamo contenti, perché siamo stati bene noi e sono stati bene loro.
A volte però proprio non si può fare altro che scontrarsi sperando di spuntarla: può essere per qualcosa di importante, come la durata delle nostre telefonate, o solo per una questione di principio.
Non è sempre chiaro perché ci impuntiamo, ma stiamo molto male e, non riuscendo ad averla vinta, ci sentiamo ricacciati nel ruolo di bambini capricciosi.
Per fortuna che ci piace fantasticare e viaggiare con la mente. Con la fantasia riviviamo i grandi eventi e il pensiero delle grandi figure storiche e li facciamo a pezzi, pezzi nostri da digerire: ci creiamo così delle tesi nostre sul vivere, sulla giustizia, sulla società, sulla fede, su ciò che è o non è importante e speriamo per noi un futuro migliore, fatto delle nostre speranze.

nei duelli emotivi con i compagni. Sono momenti che passano, che devono passare, perché se perdura un'idea di questo tipo si potrà determinare l'accettazione di un ruolo negativo, con il conseguente senso di inferiorità verso gli altri amici.
Se ce ne accorgiamo dovremo cercare di rassicurarli e aiutarli a riac-

quistare fiducia in se stessi: non solo una carezza o una pacca sulla spalla, ma anche un impegno a star loro accanto, a stimolarli, a enfatizzare i possibili buoni risultati; pronti però a lasciarli di nuovo non appena hanno ripreso ad andare.

## Cercano la propria storia e un proprio ruolo

Metà bambini e metà (la metà fuori casa) adulti. Fino a quando? Essere né carne né pesce dà anche la piacevole possibilità di provare i diversi ruoli e vedere quale conviene di più, per poi cercare di renderlo definitivo. Poco alla volta prende forma qualcosa di più stabile: i ragazzi, dopo diverse esperienze, rallentano e tendono ad adottare un ruolo che personalizzano, rendendo il loro aspetto distintivo.

### Il ragazzo e la soffitta

I vecchi libri, le cartoline dei nonni, una bambola senza vestiti, una scatola di automobiline ammaccate. La soffitta corrisponde all'immagine concreta del nostro passato e del passato della nostra famiglia; ci ancora solidamente alla nostra storia personale e alle nostre radici attraverso gli oggetti via via riposti. Oggetti concreti che evocano emozioni e ricordi di emozioni, che fanno da ponte fra noi e chi ci ha preceduto e danno un senso di continuità alla nostra storia all'interno della famiglia. Oggetti che naturalmente non sono solo reali, ma anche ricordi di oggetti fisici e brandelli della memoria di nonni, zii, bisnonni e in generale delle generazioni precedenti.
La soffitta allora supera le tensioni con i genitori e le confina al ruolo di miseri oggetti del quotidiano, nulla di fronte a quella raccolta di emozioni di tanto tempo e di tanta gente che l'hanno creata.
Questo senso della nostra continuità storica familiare, tanto cara alle vecchie famiglie patriarcali, ha anche la finalità di farci da timone automatico. Corregge le nostre eccessive virate a destra o a sinistra, smitizza le infatuazioni che tendono a mandare il cervello in acqua, e, pur concedendoci le nostre follie,

Esiste dietro questi movimenti un pensiero cosciente, critico nei confronti di sé e degli altri: a volte spietato nel giudicarsi fino a decidere che non si vale niente e cercare di annientarsi; a volte euforico ed entusiasta, tutto proteso verso l'esterno e l'autoaffermazione.
Le oscillazioni emotive iniziate anni prima come tempeste confuse diventano sempre più fonte di riflessione, e vengono sperimentate sulla propria pelle nel tentativo di percepire se stessi, di definire dove finisce il nostro essere noi stessi e dove cominciano gli altri.
**In questo periodo di grandi sbandamenti viene messo alla prova tutto ciò che i genitori sono riusciti a inculcare nella mente e nel cuore dei loro figli**. È il momento in cui le possibilità di intervento e correzione sono ridottissime, in quanto le nostre parole, comunque le diciamo, sembrano non avere più peso e scivolare via inesorabilmente.

mantiene sicura e certa la rotta. La soffitta, reale o simbolica, troppo spesso oggi non c'è più, e la colpa, sì la colpa, è dei genitori che l'hanno gettata, buttata via, a volte vergognandosene, a volte semplicemente sostituendola e comprando per i figli i più belli, facili, brillanti e levigati miti moderni.
Il desiderio di sbarazzarsi di un passato troppe volte ritenuto ingombrante solo perché sofferto si tramuta nel desiderio che i figli non vivano in futuro le privazioni che loro, i genitori, hanno affrontato.
Ma perché gettare via la nostra storia? Siamo poi sicuri che i nostri errori e le nostre sofferenze siano solo un'eredità negativa?
Scompaiono così le soffitte, e dietro le spalle dei figli rimane ben poco a cui si possano appoggiare quando la lotta si fa dura e la tentazione di fuggire dalla mischia diventa tanta. Il passato nostro e dei nostri padri serve, e i nonni saggi sanno approfittare dei momenti di fragilità dei nipoti per regalare loro qualcosa di vecchio e vissuto che li rincuori e gli rinnovi un senso sano della vita.
L'opposto, l'eccesso di soffitta, è naturalmente ugualmente negativo, perché schiaccia i ragazzi sotto il peso di famiglie che lasciano troppo pochi margini per riuscire veramente a essere quello che si decide, famiglie che determinano con generazioni di anticipo quello che si dovrà essere... Ma queste ormai, per fortuna, sono una rarità.

L'amor proprio cresce e si modifica di anno in anno, stimolato dai continui piccoli e grandi dissidi con mamma e papà prima, poi con i professori, con gli altri adulti e con tutto il mondo. **Chiusi in se stessi, introversi, un po' alla volta i ragazzi imparano a conoscersi sempre meglio nel corpo e, con più difficoltà, nell'anima**.
Si accorgono di non sapere bene chi sono e cercano qualcuno o qualche altra fonte di informazione, televisione o libro che li aiuti. Prima esplorano esitanti varie possibilità, poi, a volte senza accorgersene, altre con emozione, scelgono.

La scelta è dunque l'uscita da una situazione di chiusura in se stessi, di introversione e depressione: sotto questo aspetto i gruppi giovanili – cattolici, politici, ecologisti, sovversivi, pacifisti, sportivi o anche solo di discoteca, di bar, di birreria, quando il luogo e l'amicizia

### LE PAROLE DEGLI ADOLESCENTI

Sono spesso poco comprensibili: il gergo che si forma in ogni singola generazione di adolescenti è il codice di accesso al gruppo, il codice di comunicazione. Qualsiasi codice viene elaborato per difendersi da intrusioni, e anche questo serve a creare una barriera per proteggersi dagli adulti.
Per ottenere ciò è necessario che si modifichi in continuazione, perché in continuazione ci sono ragazzi che escono dall'adolescenza per diventare adulti. Riportare alcuni termini del gergo in uso diventa perciò già superato nel momento stesso in cui li si scrivono, perché chi sta arrivando ne sta cercando già di nuovi per differenziarsi e proclamare la propria originalità.
Quando noi adulti li scherniamo, li sgridiamo perché parlano in un certo modo, facciamo quello che loro si aspettano: confermiamo che sono qualcosa di diverso da noi e questo va bene.
Se al contrario ci dimostrassimo molto amichevoli, curiosi delle loro parole e contenti se le usano, non faremmo altro che costringerli a esagerare o a cercare qualcosa d'altro per dimostrare a se stessi di essere diversi da noi. Poi, quando saranno più sicuri e indipendenti, perderanno gran parte di quelle parole e di quei modi di parlare.

### I RAGAZZI D'OGGI: EGOISTI, ARRIVISTI E SUPERFICIALI

Attualmente i ragazzi stanno attraversando un momento di non motivazione politica. La politica è infatti saldamente nelle mani degli adulti che, affascinati dai mass media, se ne interessano come mai è avvenuto negli anni precedenti. Per i giovani l'unico spazio disponibile è l'altro, quello del rifiuto della logica politica. Allora è comodo, per noi genitori che abbiamo nel nostro passato adolescenziale l'esperienza dell'interesse alla politica, pur se solo a scuola, etichettarli come immaturi, egoisti, superficiali, dediti soltanto alla ricerca del piacere e del divertimento. Ma ricordiamoci, non è forse quello che noi dicevamo e pensavamo dei nostri genitori, delle generazioni che nel '68 avevano superato i vent'anni e che invece che di politica si erano occupati di lavorare e studiare? E noi che abbiamo avuto la nostra adolescenza fra il '68 e gli anni Ottanta siamo sicuri che sia stato l'interesse per la politica a farci diventare così responsabili come crediamo di essere? Forse allora è meglio che ci andiamo piano a considerare i ragazzi d'oggi così immaturi, forse è solo invidia e loro, sicuramente, ci daranno dei punti, e questo ci urta.
Questi ragazzi che non pensano e sono egoisti - lo leggiamo dappertutto - studiano, si impegnano, faticano in silenzio ma con estrema determinazione, decisi a raggiungere le loro mete. E se non trovano lavoro lo cercano e continuano a cercarlo, animati dall'ottimismo di fondo della loro buonafede. Non è neanche vero che siano egoisti, sono solo più concreti, e nella loro solidarietà previlegiano i fatti alle parole di cui tanti altri prima di loro si erano riempiti la bocca.

rappresentano uno stile di vita – hanno tutti lo stesso significato di situazioni antidepressive. Proteggono cioè dalla depressione e forniscono un valore a cui aggrapparsi per non continuare a restare tristi e soli.
Spesso chi li organizza e ne tira le fila è ben conscio di tutto ciò e approfitta di queste necessità dei ragazzi per addestrarli secondo i propri fini, buoni o meno buoni che siano. Infatti la filosofia di vita che sta dietro questi gruppi, se c'è, non ha poi in realtà grande importanza: **l'importante è che il gruppo dia la possibilità di sgra-**

**varsi della responsabilità di scegliere**, obbligo che grava pesantemente su chi si sente solo. Questo discorso è valido in tutte le situazioni sopra citate e in molte altre.
Tutto ciò è facilitato anche dall'attitudine dei ragazzi di questa età a dividere ogni cosa in due categorie: "buono" o "non buono". Se per esempio vivono l'esperienza di un gruppo ecologista sono portati a

### Farsi ubbidire

Non è mai facile. Non è facile soprattutto farsi ubbidire e mantenere un rapporto aperto, mantenere una comunicazione quanto più solida e completa possibile. Esistono ragazzi che non danno mai retta, disubbidiscono o meglio si lasciano passare sopra le urla dei genitori continuando a fare quello che vogliono.
In questi casi, senza chiedersi come si è arrivati a tal punto, sarà opportuno fermarsi un attimo a parlarne fra marito e moglie. È evidente che non si può d'improvviso tornare indietro e decidere che d'ora in poi dovrà ubbidirci. Si possono cercare di allentare le tensioni e le urla domestiche concentrando l'attenzione su un solo problema, né troppo grave né troppo lieve, ma affrontabile: una sola cosa su cui impuntarsi e cercare di ottenere un risultato. Coerenza, continuità e chiarezza saranno le doti indispensabili per dare al figlio le motivazioni sufficienti per ascoltarci. È probabile che se saremo riusciti a comunicargli la nostra risolutezza nell'ottenere quel risultato, per esempio banalmente tenere più in ordine le sue cose, lui si accorga che è conveniente darci retta.
Proverà allora a cercare concessioni o protezione in uno dei due genitori, ma se non ci riuscirà finirà per adattarsi, di malavoglia, ai nostri desideri. Se questo primo passo funziona occorrerà non fargli elo pesare, ma, senza enfasi, apprezzarne il comportamento. Consolidato questo si potrà poi provare con qualcos'altro e così via. Tutto ciò in effetti è molto difficile e richiede tanta pazienza e serenità.

Altrettanto difficile è affrontare la condizione opposta di quei figli che obbediscono sempre e non riescono mai a trasgredire. Genitori troppo autorevoli e vittoriosamente dittatoriali possono produrre dei figli incapaci di affermarsi e crescere emotivamente, fermi a una condizione di completa sudditanza, maga-

pensare, al di là di ogni evidenza, che tutto, proprio tutto ciò che si fa e si pensa in quel gruppo sia stupendo, e il resto uno schifo.
**E così in qualsiasi argomento spariscono le valutazioni intermedie e tutto prende sempre un colore deciso**: l'attribuire a qualsiasi cosa il giudizio di buono o cattivo li difende dall'ansia che le situazioni dubbie, non completamente omogenee possono dare. L'esem-

ri rabbiosamente sopportata. Anche in questo caso non si può che procedere a piccoli passi e concedere progressivamente piccole autonomie, rincuorandoli nelle decisioni anche se non le condividiamo pienamente. Il difficile è accorgersi di stare esagerando con i propri figli e trattenersi dall'amministrarli in tutto e per tutto. In fin dei conti sono ragazzi che fanno tutto ciò che i genitori desiderano, o quasi...
Non crescono, ma spesso infatti i genitori desiderano che non crescano.

In realtà difficilmente abbiamo casi così estremi. Per farci ubbidire è comunque sempre opportuno chiedere ai ragazzi cose accettabili; le richieste dovrebbero essere l'espressione di un interessamento sincero per la loro vita,
... dovrebbero essere incentrate su alcuni punti importanti e non tendere al controllo globale,
... dovrebbero essere l'espressione di un atteggiamento coerente con ciò che noi siamo,
... dovrebbero essere l'espressione del pensiero comune di entrambi i coniugi,
... dovrebbero essere comprensibili nelle motivazioni, anche in quelle egoistiche ("così stiamo più tranquilli, così si evitano chiacchiere"),
... dovrebbero essere portate avanti con continuità e non legate a momenti di nervosismo.

Le punizioni, o per meglio dire gli eventi sgradevoli conseguenza delle disubbidienze, non dovrebbero mai essere il massimo di quanto potremmo fare. Le punizioni inoltre, essendo un modello di intervento aggressivo, generano aggressività e pertanto dovrebbero essere evitate il più possibile. Si potranno invece evidenziare le conseguenze sgradite, le sconfitte morali conseguenza delle disubbidienze. Le punizioni saranno poi tanto meno accettate quanto più i ragazzi si sentiranno adulti, e sarà allora necessario fare molta attenzione a non umiliarli troppo.

pio è quello dei rapporti con i propri genitori: i genitori non possono che essere buoni o cattivi.
Se non fosse così soffrirebbero un dramma continuo e per la loro coscienza sarebbe molto più difficile sottrarsi alla volontà di mamma e papà: **in questo periodo devono, per crescere, mettere per un po' in archivio la consapevolezza che quei genitori che li irritano sono anche quelli che hanno sempre tanto amato**.

## PER AMICI RAGAZZI COME LORO

I gruppi di ragazzi a questa età sono il risultato del rimescolamento di quelli disomogenei e variegati, ma preferibilmente composti da ragazzi dello stesso sesso, della prima adolescenza. Ora invece tendono a essere misti, composti in ugual numero da femmine e maschi, orientati verso uno scopo comune filosofico, politico, religioso, o per divertimento o anche solamente e dichiaratamente per stare assieme.
Si aggregano ragazzi di estrazioni socioculturali simili e con interessi simili, e in ogni gruppo ognuno assume una posizione più stabile: potrà essere per esempio di leader, di gregario, di sobillatore, di mansueto, di sfortunato. Il modo di parlare e le parole caratteristiche degli adolescenti non bastano più: **il vocabolario dei ragazzi si arricchisce ulteriormente diventando una specie di codice di riconoscimento di quel gruppo di amici**.
Si vengono a definire a poco a poco i modi di essere, e avremo allora quello che tace, quella che pensa, quello che parla sempre, quella che si intende di filosofia, quello che non tollera gli scherzi, quella che organizza sempre tutto, quello che discute ogni cosa, quella che si addolora di più, quello che sa cosa si deve fare ecc.

**Questi ruoli "nuovi", se andiamo a vedere, sono sempre in stretta relazione con quelli precedentemente interpretati nell'infanzia e**

**poi "persi" all'inizio dell'adolescenza**. Anzi, le stesse caratteristiche che venivano loro attribuite nell'infanzia, soprattutto a scuola, di bambini irruenti, chiacchieroni, incapaci di spiegarsi, sfortunati, lenti, senza fantasia, più o meno bravi in matematica, in lettere, in storia, in disegno ecc., vengono recuperate come buone man mano che si costruisce la propria personalità.
È un aspetto che troppo spesso gli insegnanti ignorano, non accorgendosi che sovente i bambini diventano col tempo quello che gli insegnanti hanno "deciso" in anticipo che siano. La famosa prima impressione può quindi concretizzarsi, nei bambini, in un destino non sempre poi così desiderabile.

## Ordine e disordine

A scuola è il periodo delle superiori e delle scuole professionali, e i banchi iniziano a diventare stretti. Il desiderio di ribellarsi diventa qualcosa da meditare e attuare in concreto, trovando un modo proprio di autodeterminarsi.
**I rapporti con noi, con la famiglia, cominciano a essere difficili, come per prepararsi allo strappo, alla rottura chiara, anche se difficilmente completa, del cordone ombelicale**, di quel guinzaglio di cui capiscono sempre meno la funzione. La conflittualità, cioè i litigi, le discussioni, le rappresaglie nei confronti dei genitori dello stesso sesso diventano la norma.
La tensione cresce e spesso non capiamo perché. Passa la voce che è un periodo difficile e che bisogna portare pazienza.
Nelle famiglie, inevitabilmente, o per meglio dire naturalmente, le posizioni si radicalizzano.
Per noi genitori è difficile capire che i ragazzi sentono un bisogno fortissimo di fare esperienze nuove e di staccarsi dal solco delle abitudini familiari, che hanno bisogno di emarginarsi per ricostruirsi nuovi e adulti.

Reagiamo a questo cercare di staccarsi dal nostro controllo in modi diversi.
Possiamo pensare che sia sufficiente dare i consigli, le indicazioni frutto delle esperienze di quando eravamo giovani, e **non ci rendiamo conto che l'unica esperienza valida, sempre, e soprattutto sempre nell'adolescenza, è la propria**. Pensiamo che, se i consigli non servono, si possano dare degli ordini, sempre per il loro bene, e ci risentiamo quando tutti questi tentativi di fare i bravi genitori falliscono.
Possiamo decidere che quello che succede sono fatti del figlio, e na-

### CHE FARE SE DICE CHE NON HA VOGLIA DI STUDIARE

È un'evenienza frequentissima. Per prima cosa sarebbe necessario capire se ha delle difficoltà nello studio o delle difficoltà a riportare a scuola quello che invece ha studiato.
Parliamo ora del primo caso, che può essere dovuto al fatto che non ce la fa proprio con l'intelligenza, e allora il rimedio sarà di dargli concretamente una mano o aiutandolo direttamente, o mandandolo a ripetizione, o scegliendo una scuola meno impegnativa. Oppure può essere stanco perché è troppo impegnato in altre attività extrascolastiche, magari approvate anche dai genitori, che lo distolgono dallo studio. Il rimedio sarà di subordinare queste attività a un decente rendimento scolastico.
Comunque nella maggior parte dei casi il ragazzo trascorre ore e ore davanti ai libri, li osserva con lo sguardo perso nel nulla, magari facendo finta di studiare quando sente avvicinarsi mamma e papà. Pur avendone le capacità, non riesce ad applicarsi e ha come un rifiuto di fronte ai libri e allo studio.
Spesso in tali atteggiamenti sono in gioco la capacità di sopportare la fatica dello studio, ma anche, forse soprattutto, il fatto che non si è ancora così maturi da sentire dentro che si studia per se stessi. Si è convinti, insomma, di studiare per i genitori o, nel migliore dei casi, per gli insegnanti. Questo, in un ragazzo che sta crescendo per diventare autonomo e staccarsi dai vincoli della dipendenza infantile, è di fatto una sottomissione ai desideri della famiglia. Non studiare rientra dunque nelle ribellioni: la barriera invisibile fra lui e i libri è

scondere un disinteresse di fatto sotto l'alibi di un comportamento liberale. Tanto liberale che anche quando il figlio desidererebbe un consiglio preferiamo lavarcene le mani, sempre liberalmente, dicendogli "fai come vuoi", e, sottinteso, "ma non rompere".
Potrà accadere, magari più volte, che, stanchi e delusi perché il figlio fa quel che vuole e non ci ascolta, o almeno noi lo pensiamo, decidiamo di non preoccuparcene più, per lo meno in apparenza.
Successivamente potremo anche pentircene e tornare a cercare di guidarlo.
A questo proposito, a incoraggiamento di quelli di noi che si repu-

costituita appunto dall'esigenza interiore di non fare quella cosa faticosa che i genitori desidererebbero.
Per uscire da questo circolo vizioso, per cui se si studia ci si sottomette al volere dei genitori e se non si studia non si conquista un ruolo desiderabile, è necessario fornire poco alla volta al ragazzo la possibilità di essere autonomo e di sentirsi personalmente responsabile, così da introdurre e motivare lo studio anche con l'amor proprio e la capacità di conquistare per sé la gratificazione di un buon risultato.
I regali, e fra questi si intendono anche le semplici lodi, da parte dei genitori per i buoni voti possono essere un fatto estremamente negativo perché confermano al ragazzo la sensazione di non aver studiato per se stesso.
Se si devono fare dei regali a un adolescente è bene evitare anche i cosiddetti regali per la promozione: i regali dovrebbero non corrispondere cronologicamente ai buoni risultati scolastici.
Un regalo potrà comunque testimoniare l'approvazione per quello che il ragazzo è nel suo insieme, e dimostrare una costanza di affetto nei suoi confronti anche nei momenti difficili.
Questo lo convincerà anche di essere meglio di quello che è, e per mantenere tale vantaggio dovrà impegnarsi di più. Nel rendimento scolastico gioca infatti un ruolo importante l'opinione che già da anni si ha di se stessi: il ruolo di sfaticato, distratto, studioso, primo o ultimo della classe tende a rimanere appiccicato per tutto l'iter scolastico. Spesso riuscire a modificare questa convinzione che il ragazzo ha di se stesso diviene un'ottima chance per migliorare il suo rendimento a scuola.

tano instancabili e pesanti genitori-educatori, si può osservare come figli e figlie più o meno scapestrati, che si sono sentiti fare innumerevoli ramanzine senza esito, recuperino poi gli insegnamenti in maggiore età, come se fossero stati insegnamenti a orologeria: inutili nel momento in cui sono stati dati, ma comunque utili nel prosieguo della vita.
Un esempio è la figlia disordinata e ribelle che rifiuta ogni compito domestico e che non sa fare niente in casa ma poi, dopo sposata, meraviglia!, diventa una perfetta donna di casa, ripescando dal bagaglio dei ricordi quegli insegnamenti che sembrava fossero stati impartiti al vento.
In ogni caso i ragazzi si scocciano moltissimo quando si sentono ingiustamente incompresi e, qualsiasi sia il comportamento che i genitori pensano di adottare a fin di bene, non potrà mai essere sicuramente quello giusto: **i genitori sono destinati a sbagliare sempre, qualunque cosa facciano!**

## GENITORI E TRINCEE

Ma cosa pensano i ragazzi dei loro genitori? Pensano di non essere capiti o, nel migliore dei casi, di esser capiti solo "di fuori", ma non per ciò che sentono dentro, né che sia capita la rabbia che provano quando gli viene negata la possibilità di soddisfare la sete di nuove esperienze.
Il loro modo di ragionare parte poi da deduzioni logiche, a volte limpide e decise, ma che tengono scarsamente conto delle sfaccettature della vita reale e che mal si accordano con il modo di vedere disilluso e scettico di noi genitori. Pensano che siamo fuori tempo e non facciamo il minimo sforzo per capire che la loro richiesta di libertà, ritenuta costantemente eccessiva, serve solo a continuare a restare in corsa, o per lo meno alla pari con i coetanei.
Pensano che noi certe cose non le capiamo perché non abbiamo

avuto la possibilità di provarle, perché a quei tempi non c'erano e non vogliamo che le sperimentino loro. Saremo invidiosi?
Pensano che i nostri timori denuncino solo la sfiducia nelle loro capacità e svelino che in casa li riteniamo ancora bambini e incapaci. **Questa necessità di distruggere la nostra immagine, l'immagine dei genitori, è un fondamentale propulsore per aiutarli a definire se stessi**: cercano di mettere in atto questa sorta di crudele e impietosa "umanizzazione" dei mitici mamma e papà, di coloro che cioè rappresentavano la sicura, perfetta, meravigliosa immagine di ciò che si deve essere.
Perché riesca bene l'operazione è necessario che noi genitori regolia-

### Essere d'esempio

Era un compito riconosciuto ai genitori anni fa, ora è un po' fuori moda. L'esempio consiste in dimostrazioni d'uso, in dimostrazioni di come si fa a fare l'adulto in tutti i sensi: come si fa ad amare, a vestirsi, a lavorare, a essere stimati, divertirsi ecc. Oggi noi genitori spesso ci consideriamo fuori gioco e riteniamo che i nostri figli debbano imparare solo da quello che gli diciamo. Non solo, ma la diminuzione del tempo che trascorriamo insieme limita spesso l'esempio alla sola supposizione di cosa mamma e papà fanno a casa, sul lavoro, con gli amici, assieme, in intimità ecc.
L'esempio ha un valore molto più penetrante delle parole, che spesso contraddicono appunto i nostri comportamenti, e sarebbe bene pensare di offrirlo di nuovo spesso e senza timori ai nostri figli. L'esperienza di accompagnare occasionalmente un padre a lavorare e rendersi conto che tutto sommato ci sta bene a lavorare è senza dubbio importantissima. Spesso contraddice nei fatti l'idea che i figli si fanno del lavoro quando sentono che ce ne lamentiamo al rientro a casa.
Così per i ragazzi il vedere un'affettuosità espressa fra moglie e marito con un bacio, con una carezza, con un abbraccio rende lecito, facile e rassicurante l'idea del contatto fisico con la persona amata, comunica inoltre che ci si può voler bene anche se ogni tanto, o spesso, non si va proprio d'accordo.

mo le nostre pressioni sui ragazzi, anche in relazione alla forza emotiva che la nostra immagine ha e ha sempre avuto su quel nostro amato figlio. Ebbene sì, è importante anche come siamo noi genitori: dobbiamo pensare che **i figli per formarsi una propria personalità autonoma hanno bisogno di pensare che quella dei genitori, in particolare del genitore dello stesso sesso, non vada bene, sia sbagliata e criticabile**.

Ora, per vari motivi non sempre i ragazzi riescono in questa operazione di denigrazione: una ragione può essere che, per esempio, il padre è un uomo onesto, sano, ragionevole e vincente. Un uomo difficilmente attaccabile e che il ragazzo può sentire come una figura insuperabile che non gli lascia la possibilità, nemmeno in fantasia, di diventare meglio di lui, farà nascere una difficoltà in più. Questa difficoltà sarà tanto più problematica da superare quanto più, veramente, il padre è meglio del figlio, e quanto più esiste una dipendenza psicologica del figlio dal padre.

Se il padre è un uomo nel quale riconoscere dei punti deboli, se non corrisponde all'idea che il ragazzo ha di cosa bisogna fare per essere un uomo, allora il figlio potrà vedere davanti a sé gli spazi in cui provare a costruirsi.

La mamma insuperabile è invece la mamma bella, che la figlia ritiene più bella di lei. Dovrà allora trovare altre strade per imporre se stessa come persona migliore della propria madre. Se sarà fortunata e riuscirà a trovare, per esempio, che la propria madre è un po' superficiale, o è irragionevole, o è una casalinga frustrata, o al contrario una donna sempre fuori casa che trascura la famiglia, allora in questi spazi tenderà a costruire un'immagine di sé migliore di quella criticabile della mamma.

Ma se la mamma è bella, buona, brava, presente in casa e vincente fuori, allora competere diviene difficile, e forse è meglio cercare spazi lontano dai luoghi e dagli ambienti frequentati da lei. Va da sé che se si riconosce la propria madre meno bella di sé è già tutto più facile.

### TRA FRATELLI

Esiste sempre un legame profondo, un grande affetto, che talvolta emerge solo in caso di grandissime difficoltà. Esiste però anche una grande competitività che non ha nessun bisogno di essere stimolata per tentare di ottenere da quel figlio quel risultato. La competitività è maggiore fra ragazzi dello stesso sesso, e comunque è mal sopportata dal maschio nei confronti di una sorella, soprattutto se minore, che nella vita tende ad affermarsi molto meglio di lui. Quello che si può fare è incanalare, se ci si riesce, questa energia in modo positivo. Spesso accade però che il successo di uno corrisponda al rifiuto a tentare dell'altro e all'indirizzarsi verso traguardi modesti o traguardi impossibili. Ciò avviene soprattutto se noi genitori non dosiamo bene i nostri interventi: non è vero che si deve sempre dare a uno quello che si dà agli altri, può essere necessario, per lasciare a tutti le stesse possibilità di affermazione, variare il modo di stare accanto e di stimolarli. Possiamo accorgerci che, per esempio, la ragazza minore teme di non reggere il confronto con la maggiore e tende a essere passiva, poco combattiva, a dire di sentirsi stupida.
Dovremo quindi fare molta attenzione per aiutarla a trovare una strada propria senza mai farle pensare direttamente o indirettamente che desidereremmo che fosse come la sorella. Potremo valorizzare e dimostrarci contenti di alcune sue qualità e fiduciosi che saprà giovarsene, contenti soprattutto se continua a pensare a un suo futuro. L'importante è che non si fermi: se va avanti, anche se per un po' con obiettivi ridotti, è probabile che poco alla volta riacquisti fiducia in se stessa e individui meglio ciò che vuol essere e non ciò che la sorella la lascia essere.

È evidente che di solito i ragazzi riescono molto bene a "umanizzare" i propri genitori, ma se vediamo che nostro figlio ha dei problemi a contraddirci, a criticarci, a realizzarsi in modo dignitosamente paragonabile a noi, allora forse è meglio che ci esponiamo un po' di più, e che a volte rinunciamo al nostro eccessivo buon senso per mostrarci ai suoi occhi ragionevolmente irragionevoli.
**Certo, la competizione e la successiva distruzione totale o parziale dell'immagine dei propri genitori è formativa se i genitori ci**

**sono, se si fanno sentire, insomma se esistono e si preoccupano anche dei figli.**

Quando però tutto diviene troppo facile perché noi non ci siamo, o siamo tutti sbagliati, o siamo veramente dei falliti sia in famiglia, sia nel lavoro, sia nelle relazioni sociali, allora per i figli la conquista dell'autonomia e di un proprio modo di essere può diventare apparentemente anche molto facile, ma sarà priva della solidità necessaria per affrontare i guai della vita. **Noi genitori serviamo anche per temprare i figli, perché possano diventare meglio di noi**: è come la lama forgiata sull'incudine dal martello, che diventa via via più dura del metallo del martello che l'ha temprata. Se non c'è il martello, la lama non si tempra. Se il metallo del martello è troppo duro, o i colpi troppo forti, la lama si spezza prima di temprarsi. I figli tendono così a crescere forgiati anche e soprattutto dai genitori, anche se a questi piace vantarsi delle somiglianze, dichiarandosi spesso esterrefatti per le diversità che chissà da dove sono venute.

**Qual è allora il modo giusto di essere genitori?** Si dice che bisogna essere amici dei propri figli, ma forse questo essere amici non si sa bene cosa significhi. In effetti non si può essere amici: gli amici servono ad altre cose e, soprattutto, i desideri degli amici veri, i loro consigli, non vengono sentiti dai ragazzi in modo così vincolante come accade con quelli dei genitori. Accontentiamoci allora di essergli amici standogli a fianco, essendo presenti. **Un rapporto giusto che possa favorire la crescita deve comunicare ai figli che sono accettati per quello che sono**.

Molti dei problemi degli adolescenti, dei problemi veri, quelli che portano stabilmente su strade sbagliate, sono legati al non sentirsi accettati, a sentirsi solo delle palle al piede dei genitori impegnati in altre cose ben più importanti: il risultato è che si sentono soli, con dei riferimenti posticci; vorrebbero credere in loro padre o in loro madre, ma dentro sentono che non sono affidabili, sentono che loro contano fino a un certo punto. Le basi di questi sentimenti spesso risalgono ad anni prima, ma è durante l'adolescenza e soprattutto in questi anni in cui si forma la persona e si inizia a ragionare anche sui sentimenti, che i ragazzi scoprono di essere un di più in casa. Si aggrappano allora a quanto di formale c'è nella famiglia e provano a replicare per lo meno l'aspetto esteriore, il modo di essere apparente dei propri genitori. I fratelli, quando i genitori sono latitanti, giocano un ruolo importante: potrà essere di mutuo soccorso, di competizione, di stimolo o altro, ma in ogni caso tenderà a supplire emotivamente alle nostre carenze e a dare il senso della famiglia.

Oppure, soprattutto se con noi genitori ci sono anche eccessivi contrasti, sbandano e, se non trovano fuori casa un qualche sano riferimento, possono cadere in balia di chiunque dimostri nei loro confronti un interesse che sentano come vero. Poi correre ai ripari è sempre difficile. In fin dei conti non chiedono tanto, chiedono solo di essere accompagnati, ascoltati. **Ascoltarli significa dare loro la possibiltà di farsi riconoscere come non più bambini, ascoltarli non significa discutere**. Se discutessimo con loro tenderemmo inevitabilmente a imporre le nostre idee o perché prevaliamo nella discussione o perché, non riuscendo a spuntarla, ci imponiamo. Parlare significa invece ascoltare e dire la nostra solo se ce lo chiedono, dare loro gli spazi sicuri per sentirsi capiti, spazi nei quali le discussioni sono bandite.

Le discussioni le terremo per altre situazioni e in tempi diversi. Se approfittassimo di un colloquio per imporre qualche nostro punto di vista probabilmente perderemmo la possibilità di avere altri colloqui. Quando parliamo "amichevolmente" possiamo solo proporre il nostro punto di vista, così come faremmo con un amico di vecchia data. **Mantenere aperto il dialogo e proteggere questo spazio permette di fatto un controllo sui ragazzi, che evidentemente non sarà totale, ma è sicuramente molto più di quanto normalmente i genitori riescono a fare**. Insomma deve essere sempre chiaro che parlare con mamma e papà non è un rischio e che il rischio di ricevere ordini o sgridate c'è eventualmente solo se la discussione parte appunto dai genitori.

**Nel rapporto con i genitori dovrebbe comunque essere sempre chiaro chi dà gli ordini e chi li esegue, e questo potere riconosciuto e contestato nello stesso tempo deve essere usato con temperanza e anche con strategia**.

È sicuramente sbagliato pensare di avere sempre ragione e di conseguenza obbligare alle nostre decisioni. È sicuramente sbagliato dare loro sempre ragione e preferire allo scontro la ritirata. I ragazzi vivono male entrambe le condizioni di eccessiva libertà e di eccesiva costrizione. Anzi l'eccessiva costrizione espone sempre a comportamenti disperati e imprevedibili. Soprattutto con gli adolescenti, ma non solo con loro, è opportuno fare attenzione a non metterli mai con le spalle al muro, togliendo loro qualsiasi via di uscita pur che facciano quel che vogliamo noi.

Essere con le spalle al muro va visto naturalmente con i loro occhi: per esempio, banalmente, si può sentire con le spalle al muro un ragazzo abituato sempre a ottimi risultati scolastici, e che per tale motivo ritiene di essere amato dai genitori, pensiero sbagliato, ma frequente nei ragazzi. Se un giorno fallisce e prende una pessima valutazione gli sembrerà che il mondo gli cada addosso e di non avere vie d'uscita. I comportamenti disperati conseguenti spesso li leggiamo sui giornali.

**Non si può allora sempre imporsi, e occorre imparare a cedere poco alla volta permettendo loro di prendersi responsabiltà e fare via via le esperienze opportune**. Cedere, non servirgliele su un piatto d'argento: devono guadagnarsele, anzi pensare di avercele estorte. Costringerli a guadagnarsi la nostra fiducia, raggirarci, trasgredire poco alla volta: se siamo bravi riusciremo a guidarli senza che se ne accorgano. Se ci pensiamo non è altro che un rapporto adulto in cui non si è più sicuri di poter comandare, e occorre adeguarsi via via alla nuova situazione usando il bastone e la carota, ma con amore. Dobbiamo quindi passare dalla gestione tirannica dei nostri bambini alla gestione sempre più democratica man mano che la coscienza dei ragazzi matura.

☆ ☆ ☆

A un ragazzo avere un po' di denaro dà la sensazione di essere padrone di se stesso, soprattutto se si è riusciti a fargliene capire l'importanza e quanta fatica ci è costato. Se il denaro è una cosa importante, sarà un segno di fiducia affidargliene perché inizi a gestirsi da solo in qualche piccola spesa.

**Il denaro è però ricco di significati anche di controllo e di dipendenza, e sarà bene cercare di ridurli al massimo** educandolo a una somma settimanale e successivamente anche mensile. Sarà un specie di paga per il solo fatto di fare il figlio che studia, e quindi non dovrà essere messa in dubbio dai contrasti che ci potranno essere su altri argomenti. Il fatto per esempio di spenderla subito e restare poi senza una lira non dovrebbe né indurre ad "anticipi" da parte di un genitore con il silenzioso consenso di fatto, anche se non a parole, dell'altro. Né dovrebbe indurre la sospensione della paghetta il semplice fatto che "la usa male". Occorre lasciargli fare esperienza e imparare da solo ad amministrarsi: anche gli errori di valutazione fanno parte delle esperienze.

☆ ☆ ☆

**Prima o poi ci troveremo davanti alla possibilità di decidere di prendergli o meno un motorino**. Può darsi che il mezzo sia necessario per esempio per andare a scuola, ma può anche darsi che sia inutile. In tutti casi è senza dubbio un importante strumento di autonomia e di integrazione sociale fra i ragazzi.

I genitori hanno paura, non si fidano, pensano che il figlio sia immaturo e che non sia opportuno rischiare. Poi, con senso di colpa, spesso acconsentono e glielo comperano. Che sia un rischio non c'è dubbio, ma è vero che i ragazzi quando sono soli e devono contare su se stessi sono molto più prudenti di quello che normalmente mostrano ai genitori: i genitori li trattano ancora da bambini e loro fanno i bambini spesso solo in onore dei genitori.

È noto che se un ragazzo va ospite a casa di qualcuno per un perio-

do tenderà a comportarsi bene, e i genitori sono spesso sorpresi da questa maturità inaspettata.
Gli amici sono un altro nodo cruciale: non sono sempre i migliori e allora si cerca di farglieli cambiare. **Anche la scelta degli amici è un'esperienza di libertà, e se noi ci mettiamo a criticarli, critichiamo direttamente i nostri figli e le loro scelte**: il risultato è che se li obblighiamo a cambiarli ci tireremo addosso il risentimento e ci esporremo alla ricerca di altri elementi analoghi, con in più la possibilità di esserne tenuti all'oscuro. Se li critichiamo solo, difficilmente otterremo che i figli si ricredano, ma al contrario li avvicineremo ancor più alle amicizie sgradite.
**Non dovremmo occuparci tanto delle amicizie quanto dei nostri figli**, evitando di criticarli direttamente, ma esponendo loro le nostre opinioni senza tanti paraventi, porgendo loro riflessioni aperte che gli lascino la possibilità di ragionare senza chiudersi a riccio in difesa. Del resto anche le amicizie strane vanno consumate per poter capire che non sono adatte. L'importante è che i genitori stessi non le rendano stabili identificandole come minaccia al controllo sui figli, dando così loro la possibilità di usarle come contraltare, cioè equilibratore delle pressioni familiari.

☆ ☆ ☆

La casa è la casa dei genitori, e la ricerca di se stessi porta ad accorgersi che in casa non c'è posto per altri. **Ogni giorno il ritorno a casa è un po' il ritorno a essere dipendenti e bambini dopo che fuori, a scuola e fra gli amici, si comincia a essere considerati in modo diverso**. Tutto allora pesa e la tentazione di restare fuori può diventare forte, a meno che in casa non si abbia un rifugio, un luogo off limits.
Il bagno è da sempre considerato un luogo di rifugio e un pensatoio dove le lunghe sedute spesso hanno proprio il significato di avere uno spazio per sé, inaccessibile agli altri di casa. Meglio sarebbe poter avere una propria stanza o almeno un proprio angolo. **La stanza**

### Fare ordine, ma per chi?

Anch'io ho diritto di esistere, ma qui sembra che tutti pensino solo a loro stessi. In casa sono capaci soltanto di dirmi che devo fare qui, che devo fare lì: mai nessuno che si accorga che anch'io faccio fatica e che qualche volta ho diritto di non averne voglia? Sembra invece che tutto il disordine di casa dipenda da me, ma loro non si guardano mai allo specchio?
E poi guai a protestare, la colpa è sempre mia e mi dicono che prendo la casa per un albergo e tratto tutti come fossero miei servi. Non è vero, io ci sto bene nella mia casa e ci sto bene col mio disordine, me la fa sentire più mia; sono loro che hanno delle manie: in fondo in casa c'è l'ordine che c'è sempre stato.
La verità è che mamma e papà cercano sempre un colpevole su cui scaricare le tensioni per i loro problemi, ma non ho nessuna intenzione di fare il martire di turno!
A me, la mia casa piace così; è tanto difficile da capire?

**a questa età diventa spesso un nido di disordine strenuamente difeso. Il disordine è la dimostrazione di chi comanda in quella stanza** e se qualcuno tenta di riordinare o obbliga il figlio a riordinare, il fatto viene vissuto come una prevaricazione. Inizieranno a fare e a tenere ordine solo dopo che saranno sicuri che la decisione dipende solo da loro; spesso dunque solo dopo che il disordine, e non solo quello, è diventato insopportabile anche per loro. Se mamma e papà invece continuano a brontolare per il disordine, loro saranno soddisfattissimi di poter continuare a imporsi evitando di fare quello che i genitori desiderano.
Forse l'atteggiamento migliore è quello di non cercare lo scontro e di provvedere per il minimo indispensabile alla stanza con rispetto per le cose dei ragazzi e in maniera automatica, senza brontolare: così l'operazione resta fuori dai rapporti conflittuali e la stanza resta accettabile. **Ci sono ragazzi che proprio non vogliono che nessuno entri nei loro spazi e questo genera attriti e ripicche**. Queste difese eccessive sono spesso l'altra faccia di chi non riesce a sentirsi

## VESTE COME UNA DEFICIENTE

Prima di uscire sta davanti allo specchio e sembra ci voglia una grande preparazione e poi.... bel risultato! Eccola sempre vestita nella solita maniera, assolutamente male. Non è capace di vedersi? Bei tempi quelli in cui le compravo i vestiti adatti per lei perché si sentisse a suo agio fuori, con gli altri. Invece no, adesso vuol fare di testa sua e se chiede il mio consiglio è solo per estorcermi dei soldi e alla fine comprare quello che vuole lei. E io che posso fare? L'accontento, almeno vedo cosa compra. A dire il vero cerca anche cose carine, magari firmate, ma poi sbaglia negli accostamenti, nelle misure, riesce a sembrare... Sì, proprio una come le altre, non c'è nessuna differenza da quelle sue compagne... Hanno tutte la stessa testa! Suo papà poi non dice niente, sembra gli vada bene così e protesta solo con la sottoscritta, come se fosse solo mia la responsabilità perché sua figlia va vestita come una deficiente!

## I NOSTRI VESTITI

Ci sto io fuori con i miei amici e non vedo perché la mamma debba preoccuparsene. Spesso alla mattina non trovo più i vestiti perché lei mi ha messo tutto a lavare: forse crede di essere furba? Ottiene solo che mi incavolo e li ritrovo nel cesto della biancheria sporca; che schifo mi obbliga a fare!
Non ha ancora capito che mi vesto come desidero io e che non posso fare come vuole lei? Mi sentirei male.
Però le permetto di accompagnarmi a comprare quel capo firmato che ho visto al mercato...
Magari le lascio prendere anche quell'altra camicia che non indosserò mai, intanto così la faccio contenta!
Lei va vestita come una vecchia, ma se vestisse come me mi darebbe proprio fastidio. Qualche cosa di buono da indossare però ce l'ha, e mi piace farglielo fuori, portarlo mi dà una strana sensazione, è come se le volessi più bene.
Lei non capisce che in fondo è un segno di affetto e si arrabbia! Pazienza!...

## I vestiti puliti

Mi fa fare una lavatrice per due indumenti! Non capisco, certi vestiti è capace di cambiarli due, tre volte al giorno, se le gira. Altri li porta all'infinito, forse pensa che certi indumenti siano autolavanti e si possa non cambiarli mai.
Mi scombina tutti i miei ritmi e mi fa impazzire: se sbaglio il bucato e le rovino qualcosa, apriti cielo! dice che l'ho fatto apposta, che le trovo tutte per farle dispetto. Forse un po' ha ragione...
E suo padre è d'accordo con lei, ma allora se li facciano loro i bucati! E stirare, anche questo non va più bene, ed eccola a ristirarmi polemicamente quella piega che lì non ci va, dice lei. Anche quando, ogni tanto, va perso qualcosa se la prende con me.
Ma non capisce che con quella confusione è facile perdere qualcosa? Però, diciamo la verità, se posso farle sparire qualcosa, è solo a fin di bene. Ma non si vede? Non si sente? Puzza, anche se si ricopre di profumi, non può portare lo stesso maglione per dei mesi.

## Sulla pulizia personale

Il tempo che trascorre in bagno sembra inversamente proporzionale alla quantità di acqua che tocca. Lui sembra occuparlo, non si sa bene perché, ogni volta che qualcun altro ne ha bisogno, ma guai a farglielo notare! La madre poi mi dice di portare pazienza, ma non si vede perché adesso io debba avere torto anche solo se voglio andare in bagno! Servisse a qualcosa... invece eccolo lì, sembra curato, soprattutto nei capelli, a volte..., ma chissà da quanto non si lava nemmeno il viso.
Si vede che non ha ancora la ragazza. Tre mesi fa sembrava diventato improvvisamente un maniaco delle docce: sicuramente c'era qualcuna che gli interessava. Beh, mi dispiace. Quello che mi fa più arrabbiare è che se deve stare in casa sembra un cavernicolo depresso, per noi non c'è nessun rispetto. Anzi sembra proprio lo faccia apposta per farci vedere quanto soffre a stare con noi!
Pazienza, mi accontento di vederlo mettersi meglio quando deve uscire.

autonomo e si sente braccato, in genere da uno dei due genitori: allora sceglie qualcosa di posticcio da eleggere a simbolo del proprio diritto all'autodeterminazione. In ogni caso crescere significa conquistare spazi mentali ma anche fisici, e la stanza è uno spazio da conquistare... poi, solo dopo, da tenere a posto.

☆ ☆ ☆

**Un altro spazio è quello della musica, naturalmente ascoltata in modo comunque sgradito ai genitori**: o a volume troppo alto, o in cuffia con l'atteggiamento distaccato ed estatico, in altre parole con la faccia da deficiente. Questo può essere un buono spazio di contestazione e d'imposizione dei diritti dei genitori. Infatti se da una parte i figli ritengono di poter ascoltare la musica secondo i propri gusti, cioè di vivere la casa nel suo complesso secondo le proprie esigenze, dall'altra devono capire che tutto ciò che è fuori dalla loro stanza è di diritto dei genitori.
L'importanza del concetto sta nella necessità di porre un argine formale ai continui tentativi di invasione di tutta la casa, con la musica, con i libri, con gli amici, con le merende. Se io ti dò un posto e ti dico che è tuo e lo rispetto, ciò significa che tutto il resto è mio e se ti concedo qualcosa di più è perché sono molto buono.

## I PROFE

A scuola ci si va perché lo dicono e lo impongono i genitori. Spesso verso la metà delle superiori nascono dubbi sulla scelta scolastica, dubbi che sottintendono la crescente voglia di decidere di se stessi. La richiesta di cambiare scuola o di smettere di studiare può portare a discussioni in famiglia con posizioni diverse dei due genitori. In ogni caso **è bene sapere che la fatica di studiare, che è una gran fatica, non cambia da scuola a scuola e che i professori pretendono di non essere presi in giro qualsiasi sia la scuola dove inse-**

## NOI GENITORI E LA LORO MUSICA

A noi genitori disturba il volume troppo elevato a cui la ascoltano e che cercano di imporci dentro e fuori casa, la ripetitività con cui si ostinano ad ascoltare e riascoltare sempre gli stessi brani, la faccia ebete con la quale se ne lasciano trasportare con o senza la cuffia in testa, la difficoltà a comunicare con loro quando ne sono in preda, l'affermazione, al di là di ogni evidenza, che la musica è stupenda e che i testi sono poetici e profondi. Non ci ricordiamo più di quando la musica era nostra compagna, amica, stava insieme a noi e a quelli che erano con noi. Ci cresceva accanto, e i suoi ritmi, le sue parole, le sue vibrazioni poco alla volta coloravano e sottolineavano gli attimi della nostra esistenza.
La nostra adolescenza si è sviluppata appoggiata, sorretta, rivendicata nostra dalla nostra musica. Musica ripetuta, sussurrata, ossessiva, assordante, dissacrante, intelligente, che di anno in anno è diventata parte di noi. O siamo noi che eravamo diventati parte del suo mondo?
Mondo di amici, di amori, di tensioni da scaricare, di bande, di corse, mondo di adolescenti che si muoveva dentro una bolla musicale, una propria immaginaria discoteca piena di altri ragazzi. Bolla al di fuori della quale restavano tutti gli altri, bambini e adulti, invidiosi e disturbati dal nostro piacere musicale, dal nostro non essere più come loro, dall'impossibilità di entrare con noi.
Ora, adulti, siamo noi gli invidiosi e, se fossimo meno preccupati di difendere le nostre posizioni, osserveremmo come la musica sia in fondo sempre la stessa: un modo non violento, socialmente accettabile, per controllare le tensioni, per esprimere emozioni, per combattere la tristezza, per calmarsi quando si è inquieti, per imparare a muovere il corpo, per trovare nei testi conferma alle speranze, per comunicare senza esporsi troppo, per stare con gli altri, per fuggire dal peso dei doveri, per sentirsi giovani che vivono la propria giovinezza.
È giusto allora protestare perché la loro musica ci dà fastidio, perché non è bella come era la nostra.
In tal modo infatti li costringiamo a pensare che loro, gli adolescenti sono diversi da noi anche nella musica, qualcosa cioè che sentono come buono e apprezzabile, qualcosa che è in ogni interstizio del loro mondo, che è il colore di fondo del quadro di quegli anni.

**gnano**. D'altro canto le decisioni di un adolescente riguardo al proprio futuro risentono grandemente, oltre che del suo desiderio di indipendenza, anche da chi sta frequentando, dalle difficoltà che sta attraversando, dalle passioni del momento, spesso fugaci. Non dipendono da un'analisi matura della situazione, e quindi non possiamo pensare di lasciargliele prendere facendo finta che sia una buona scelta.

Gli insegnanti che all'inizio erano mitici, cominciano a diventarlo un po' meno. Gli insegnanti che conservano un buon rapporto sono soprattutto quelli, sicuri di sé, che sono capaci di comunicare rispetto per i ragazzi senza timore di essere prevaricati. Sicuramente è importante anche la preparazione e la cultura personale, al di là di quella nella materia di insegnamento. Vengono rivoltati, saggiati, studiati per trovarne pregi e difetti e spazi per gestirli. **L'importante è allora l'insegnamento di vita nel quale gli insegnanti pongono loro stessi come cavie degli esperimenti dei ragazzi**. I ragazzi, poco alla volta imparano come gestire un antagonista, il profe, che ha il "potere" dalla sua.

Chi riesce bene in questa materia segreta, e quindi a scuola se la cava senza tanti drammi, è spesso chi che nella vita darà i migliori risultati. Ma anche se sappiamo che nostro figlio è uno che se la sa sempre cavare, o che va bene, ai colloqui con i professori si va con un po' di preoccupazione, ci si sente responsabili ed esaminati: è come se attendessimo di venire sgridati, e questo un po' ci fa rabbia. **I professori lo sanno e spesso ne approfittano per scaricare sui genitori responsabilità che dovrebbero essere loro**.

Se è vero che la miglior difesa è l'attacco dovremmo essere noi a chiedere consiglio su come fare con nostro figlio, visto che è il loro lavoro convincere a imparare e che questo dovremmo pretendere. Invece di solito si è lì per scusare i figli, anzi per scusarsi. È quanto di più sbagliato si possa fare. Lo studio, d'altra parte, è solo uno dei mezzi con cui si può imparare, ed è sicuramente il più comodo per chi insegna. Altrimenti si possono anche far assimilare direttamente le nozioni, ma per farlo occorre essere preparati e avere carisma. Se proprio si intende il proprio lavoro come controllo valutativo di quanto i ragazzi hanno studiato, forse bisognerebbe prima almeno insegnare a studiare.

In ogni caso, man mano che la scuola va avanti il problema del cosa fare dopo diventa un argomento importante. **La scelta del lavoro o dell'università è in larga parte determinata dalla famiglia, anche se apparentemente lasciata libera**. Influiscono su di essa i desideri dei genitori, anche interpretati attraverso frasi e allusioni sentite per anni in casa. Deve comunque essere, anche se solo apparentemente, una decisione propria, sentita come personale e non come imposta, così come personale dovrà essere anche la scelta dell'amore.

☆ ☆ ☆

**L'innamoramento è un periodo nel quale tutto sembra iniziare e terminare nell'amore**. Ci si sente finalmente uomini o donne, certi della propria identità. Il gruppo degli amici diviene meno importante e si preferisce o isolarsi all'interno di esso utilizzandolo come zona protetta o, avendone le capacità psicologiche, si esce e ci si gestisce totalmente in autonomia. **Non resta più spazio per pensare ad altro, e nel primo periodo di maggior trasporto chi ne fa le spese è spesso lo studio**.

Successivamente invece, proprio lo studio se ne giova, come se attraverso un compito così importante eseguito bene, si guadagnasse il diritto di vivere bene il proprio amore.

## INNAMORAMENTO

Quando uno è innamorato in casa lo si capisce subito: è allegro, un po' sognante, distratto, usa molto il telefono e soprattutto si cura in modo eccessivo nell'igiene personale e nel vestire. Se ha un buon rapporto con i genitori **dopo un po' porterà il suo amore in casa**

**cercando approvazione: tutto sommato pensa di portare un dono ai genitori, un simbolo della propria maturità** che invece spesso noi prendiamo molto diversamente: lo banalizziamo, se non addirittura lo osteggiamo, gelosi. Spesso ne parliamo con amici e parenti, rompendo la segretezza nella quale eravamo stati coinvolti; la rabbia per essere stato preso per l'ennesima volta sottogamba, come un bambino, può portare alla decisione di non ripetere l'esperienza e, seppur con dolore, girare alla larga da casa.

E se la scelta non è felice e non piace a mamma e papà? Mettersi in competizione con un amore è un suicidio.

Il modo migliore per "bruciare" l'amore è, se è una ragazza, cercare di farcela amica. Nulla di meglio per metterne in evidenza i difetti e per suscitare rivalità: nostro figlio non avrà spazio per darci torto, anzi se necessario ci difenderà, e così facendo inizierà a scoprire qualche contraddizione inaspettata dell'amata, poi per il resto potremo sperare.

Se al contrario cerchiamo di convincerlo a lasciarla, lui si allontanerà da noi per salvarla dalla nostra aggressione e così facendo rinforzeremo il loro rapporto. Se riusciamo a convincerlo a lasciarla, è segno che nostro figlio ha un legame di dipendenza da noi, che, dopo i sedici, diciassette anni, è senz'altro segno di immaturità e debolezza psicologica.

**Prima di giudicare i ragazzi dei nostri figli ricordiamoci che siamo stati noi il loro amore**: il papà per la figlia e la mamma per il maschio, e che la scelta non potrà essere disgiunta da questa antica infatuazione. Pensiamo allora che chi arriva in casa è il risultato della ricerca di qualcuno o qualcuna con qualcosa in comune con noi. Può essere la nostra fotocopia, fisicamente o nel modo di pensare, per lo meno per come i nostri figli ci vedono, o può essere diversissimo, l'opposto di noi, ma qualche tratto comune sarà sempre riconoscibile. **In ogni caso sarà sempre utile chiedersi il perché di quella particolare scelta**.

☆ ☆ ☆

**L'amore, e non solo quello, si trascina dietro il desiderio, legittimo, di avere dei rapporti sessuali**. Oggi è di nuovo salita l'età media del primo rapporto sessuale e questa tendenza continua. Ciò è dovuto anche alle difficoltà che ha posto l'AIDS su questa strada. I ragazzi ne sono perfettamente informati e preoccupati. Certamente molto più preoccupati dei genitori ai quali, nonostante le informazioni comunicate dai mass media, sembra che interessi solamente che i ragazzi non mettano al mondo figli.

**Le informazioni sulla sessualità, pur abbastanza diffuse, sono meno conosciute del problema dell'AIDS**, al quale i ragazzi cercano di fare attenzione. Ma devono fare i conti con la loro impulsività, il desiderio di trasgredire, e soprattutto l'esigenza di provarsi anche nelle situazioni di rischio.

Quando poi ci si innamora e si decide di avere rapporti intimi, chi ha il coraggio di dimostrare sfiducia nell'altro? Per fortuna il preservativo serve anche a non procreare, e con questo alibi si può stare tranquilli. Del resto controllare a vicenda gli esami sembra poco carino, e poi aspettare sei mesi per avere una ragionevole sicurezza sembra un'eternità. Così si finisce con il trasgredire a quanto forse ci si era ripromessi, e allora nascono le preoccupazioni, le ansie, i drammi.

Quanti ragazzi e ragazze hanno vissuto mesi, in questi ultimi anni, temendo, spesso senza una ragione vera, di essersi ammalati? Tanti, e molti non hanno neppure eseguito dei test perché se ne vergognavano, e ancora aspettano. **Quanti genitori si rendono conto di questi problemi e quanti sono disposti ad accettare che i figli gliene parlino?** Non sono i malati di AIDS, sono ragazzi normali e sani che hanno un grosso problema in più, hanno l'impossibilità di essere tranquilli quando fanno l'amore. E allora lo fanno più tardi: le statistiche sono chiare su questo punto.

Possiamo aiutarli informandoci e cercando di capire il problema; poi saremo in grado di parlarne cosicché loro sapranno che, se ne avranno bisogno, potranno contare almeno sulla nostra comprensione.

# ANNI 18-99: LA FINE DELL'ADOLESCENZA

## L'ALTRA SPONDA: NON PIÙ ADOLESCENTI

La separazione da noi genitori, il distacco dai riti e dall'influenza della famiglia è il passaggio nodale a cui tutta l'adolescenza ha preparato i nostri figli: dobbiamo lasciarli staccare da noi, poi torneranno. Non dobbiamo fare il muro di gomma, subdolamente avvolgente e appiccicoso, **dobbiamo accettare la separazione nel modo di pensare, ma anche la separazione fisica, con l'uscita di casa, senza drammi né moralismi**. Se riescono ad allontanarsi e a vederci con distacco e con poche nostalgie, riusciranno a definirsi coscientemente come persone adulte, caratterizzate da un proprio modo di essere.
Sarebbe utile cercare di agire come è uso in altri paesi, forse soprattutto negli Stati Uniti, dove si comunica ai ragazzi, e si cerca sul serio di attuarlo, che circa al compimento della maggiore età è opportuno uscire di casa. È un po' l'equivalente dei riti tribali di iniziazione alla maturità.
Un atteggiamento simile in Italia farà subito pensare a genitori snaturati, ma è certo un atteggiamento molto maturativo, è un modo per dare la possibilità ai ragazzi di confrontarsi veramente con le capacità raggiunte e definirsi a pieno titolo adulti autosufficienti. **Da noi il desiderio di controllo, le ragioni economiche, il fatto che tutti pensano sia saggio tenere i figli in casa finché non si sposano, impedisce anche solo il pensare di spedirli fuori casa**. E dire che permetterebbe a loro di sapere che da quel momento dovranno

comportarsi da adulti, e a noi di definire il momento in cui termina il lavoro di genitori, per lo meno quello moralmente obbligatorio.
Tutto questo capita ancora poco per nostra volontà, succede però qualcosa di analogo quando i ragazzi, per lavoro o per studio, devono allontanarsi da casa: allora tutti riconosciamo, parlando con loro, la positività di queste esperienze nello spingerli a maturare, a renderli capaci di arrangiarsi, a "formare il loro carattere".
Anche il servizio di leva, che per molti resta l'unica esperienza di vita staccata da casa, viene ricordato spesso come un periodo difficile, magari infelice, ma molto importante per imparare a camminare con le proprie gambe.
**Senza queste occasioni di distacco o senza spinte di espulsione da casa, per i ragazzi è difficile trovare il coraggio e le motivazioni per uscire di casa**. Istintivamente si sono posti per anni in una situazione di scontro nei nostri confronti, scontro che verso i diciotto, vent'anni diventa insofferenza e necessità di andarsene; se non ci riescono l'insofferenza diventa risentimento, sconfitta, perdita del coraggio necessario a imporsi come persone in casa e fuori.

Più che preoccuparci del fatto, normale, che i nostri figli nei dintorni della maggiore età diano evidenti segni di faticare a sopportarci, dovremo invece osservare che continuino a cambiare, che non arrestino il loro sviluppo proprio quando ormai sembrava fatto, identificandosi in modo stabile, per anni, in quel determinato modo di essere di quel gruppo di amici.
Non ha molta importanza se frequentano, entro certi limiti, persone più o meno moralmente sane, l'importante è che non si fermino, non si lascino condizionare stabilmente da quel determinato gruppo, ma ne escano, continuino a correre avanti alla ricerca del loro futuro. **Un adolescente che si ferma, che non procede nel suo cammino, ma cade e si siede a metà del percorso, magari trovando un posto facile e fresco, è un adolescente esposto a possibili sbandamenti** ai margini della società, nella delinquenza, nella tossicodipen-

denza, nella disoccupazione eletta a stile di vita. È un ragazzo con un'adolescenza malata che potrà dare origine a un adulto malato.
Se ci accorgiamo che questo sta succedendo, dovremo affrontare il problema ed evitare di fare gli struzzi, di far finta di non vedere. **I genitori di questi ragazzi tossicodipendenti, delinquenti, sfaticati sono spesso afflitti da sconvolgenti cecità**.
Fino a quando non sono costretti a rompersi la testa contro il muro e a sentire male, hanno un'immensa fiducia nei loro figli: sembrerebbe che per non vedere la realtà siano costretti ad amplificare le loro speranze e a convincersi di avere ragazzi buoni, bravi, onesti, ma solo un po' sfortunati. **Ma quando ci si accorge che le cose non**

## Mio figlio si droga?

È una domanda che passa nella testa di mamme e papà, ma poi, di fatto, molti pensano che a drogarsi siano solo i figli degli altri. Il problema della tossicodipendenza è cambiato in questi ultimi anni, e mentre i genitori si raffigurano ancora il tossicodipendente come un povero disgraziato ben visibile e identificabile per come si veste e si comporta, oggi non è più così. Il mito della droga è molto cambiato, ed è diventato più difficile distinguere chi si fa e chi no. I ragazzi comunque sono informati oggi molto più di ieri, e anche se moltissimi ne vengono a contatto, sono una minoranza quelli che restano invischiati.
Nel determinare la capacità di difendersi da questo problema, oltre a una buona informazione, sono importanti la sicurezza personale e i valori che come genitori siamo riusciti, negli anni dell'infanzia, a inculcargli. È importante inoltre il gruppo che frequentano per il ruolo determinante che può avere in positivo o in negativo riguardo alla droga. In ogni caso dobbiamo pensare che a nostro figlio si presenterà sicuramente occasione di provare, anzi probabilmente dovrà rifiutarla, e quindi è importante che quando questo capiterà abbia già dei codici di comportamento da seguire riguardo al problema.
Gli adolescenti fanno uso soprattutto di tabacco, alcol e droghe leggere. Le droghe pesanti, come eroina e cocaina, si diffondono prevalentemente verso la fine dell'adolescenza. Nella maggior parte dei casi si tratta solo di "sperimenta-

**stanno così l'errore più grosso è cercare di nascondere il problema**, come se facendo finta che non esista il problema scomparisse. Dovrebbero invece, ammettendo la propria difficoltà di genitori, avere il coraggio di farsi aiutare e seguire le indicazioni di medici, psicologi e altri professionisti impegnati in quel campo.

Se sono riusciti a maturare, se hanno conquistato una loro originalità, una loro indipendenza, **se hanno portato a compimento l'adolescenza, ce ne accorgeremo anche solo perché parlare con i nostri figli non ci è più fonte di ansia e timori**: è il primo segno che percepiamo che loro non sentono più la necessità di denigrarci, opporsi e irritarci. Anzi si riappropriano di parti di noi, di nostri

zioni", cioè si prova qualche volta e poi si smette. Non diventano cioè tossicodipendenti, persone che poco alla volta non riescono più a farne a meno, e concentrano tutta la loro vita nella ricerca spasmodica di una nuova dose. Le droghe dunque appartengono a diverse categorie, ma tutte hanno in comune il fatto di essere costose.

Richieste di denaro insolite, non giustificate e protratte, o giustificate da acquisti che noi genitori non possiamo vedere o controllare, devono farci riflettere. Nessuno è immune da niente, e non è scritto da nessuna parte che nostro figlio non ci cascherà. Se accumuliamo indizi non possiamo fare finta di non vedere perché il problema ci scotta.

Altri elementi potranno essere delle modificazioni, anche importanti, delle precedenti abitudini di vita, con una tendenza abbastanza stabile dei ragazzi a restare di più o meno in casa, a interessarsi meno di ciò che capita intorno a loro, a curarsi meno nell'igiene personale e nel vestire, una certa chiusura, un essere fuori dal mondo, impermeabili quando gli parliamo, o al contrario essere troppo e inaspettatamente reattivi e intolleranti, dimostrare una strana irritabilità se non riescono a ottenere denaro, rivelare una diminuzione importante dell'impegno scolastico, manifestare strane e inaspettate stanchezze fisiche.

Se i nostri dubbi diventano qualcosa di più concreto non possiamo pensare di affrontare da soli la questione e, senza temere di mettere in guai legali nostro figlio, perché questo problema non esiste proprio, dobbiamo chiedere un colloquio ai servizi per tossicodipendenti dell'ASL.

comportamenti fino a poco prima contestati, e li fanno loro. Ci hanno digerito, distrutto, e alla fine fatti diventare, per alcuni aspetti, parte di loro stessi. Ma cosa sta succedendo? Sembrano diventare saggi, forti, sereni, generosi, capaci di ricambiare l'affetto. **Faticosamente stanno arrivando alla meta del loro cammino**.
Gli istinti incontrollati, le trasgressioni, i momenti di follia, le corse a perdifiato, i rischi, gli eroismi, i martirii sono esperienze vissute e perciò perdono poco alla volta il loro fascino, sono solo situazioni vissute e risolte, non più occasioni di crescita. Le occasioni di esperienze forti tendono a diminuire e un velo di razionalità poco alla volta si ispessisce e li avvolge sempre più strettamente. La ragionevolezza tende a prendere il sopravvento e sentono crescere la necessità di agire sempre più costantemente secondo quanto gli suggerisce il loro nuovo buon senso.

☆ ☆ ☆

Poco alla volta cambiano ancora, e possiamo osservare i nostri figli farsi più riflessivi nelle decisioni, che prendono con maggiore larghezza di vedute. Scompare quel modo di etichettare tutto in buono o cattivo, e nell'analisi delle situazioni prendono in considerazione aspetti diversi e contrastanti e li riuniscono in un'idea complessa, disillusa, nella quale non c'è più la possibilità di certezze assolute.
**Hanno fatto esperienza e gli ideali inattaccabili cominciano a ossidarsi sotto le picconate della realtà quotidiana**. Non hanno più tutto quel bisogno di proclamare se stessi e la loro presunta diversità e originalità, altri dagli altri e prima di tutto dai familiari. Ormai la certezza di essere adulti permette di riavvicinarsi con maggiore tolleranza e comprensione alle imposizioni che pretendiamo ancora di imporre loro.
Ma a questi sentimenti si accompagna la ricaduta pesante di tutta la responsabilità di questo nuovo ruolo, e **senza più alibi si accorgono che è pesante portare avanti se stessi senza più potersela prendere con nessuno**. Si accorgono che il futuro non è più solo il luo-

go di fantasie e ipotesi, ma diviene il luogo della meta per la quale devono impegnarsi, impegnarsi perché sono loro stessi in gioco.

☆ ☆ ☆

Questi sono i cambiamenti che dovrebbero avvenire verso la maggiore età: in verità non è mai così. Li vediamo crescere in modo disomogeneo e sotto la spinta e l'influsso di tanti fattori ambientali. Possono risolvere i conflitti con la propria immagine, con i genitori, con la propria sessualità, con il mondo, ma ognuno a modo suo e in tempi diversi. Spesso li risolvono solo parzialmente, e per tutta la vita saranno accompagnati da problemi divenuti evidenti nell'adolescenza. I conflitti sono stati un propulsore della crescita, li hanno obbligati a trovare delle soluzioni e, se tutto è andato bene, hanno svolto una funzione positiva.

Qualche residuo è la norma, e pertanto non deve generare preoccupazione. Del resto noi stessi adulti ci portiamo dietro abitudini e manie che affondano le loro radici in ogni età della nostra esistenza e che spesso utilizziamo come momenti liberatori o come possibilità di difesa quando le difficoltà del vivere divengono troppe. L'importante è averne preso coscienza e sapere in cosa siamo ancora più o meno infantili, sapere quali sono i conflitti che non abbiamo ancora risolto... meglio sarebbe dire che non vogliamo risolvere.

**Così anche nei nostri figli l'introspezione iniziata con la depressione e la chiusura della prima adolescenza diventa autocritica e attenzione verso se stessi**; si scontra però con l'immagine desiderata di essere adulti, e il problema viene risolto integrando stabilmente queste parti "ancora indietro" nel loro nuovo ruolo maturo. Forse però uno dei costituenti della maturità è anche la capacità di saper essere deliberatamente immaturi se questo ci può far piacere.

Essere ragionevoli, controllare gli istinti e gli impulsi relativi, operare scelte ponderate e con carattere di stabilità, credere in un proprio progetto di vita e metterlo in atto, ricondurre le contraddizioni interiori all'accettabilità, soffrire meno, gioire in modo più cosciente e

meno violento, gestire in modo produttivo in termini di benessere la propria persona, occuparsi in concreto di chi ci sta vicino e ridurre l'impegno per gli ideali.
Molti altri potrebbero essere gli elementi costitutivi della tristemente prevedibile maturità. Così come chi è normale in tutto è anormale, così la persona matura in tutto è di fatto solo un'immagine non reale.
Le età per raggiungere questi traguardi sono diverse e largamente

### ALCOL E ADOLESCENZA

I giovani d'oggi si avvicinano all'alcol spesso senza alcuna informazione riguardo ai danni ai quali possono andare incontro. La società, e in essa la famiglia, si è preoccupata di fornire gli insegnamenti e le motivazioni psicologiche utili perché i ragazzi si difendano dal pericolo della droga, dall'AIDS, dalle corse sfrenate in auto. L'alcol, per motivi culturali, è rimasto fuori, e i giovani raramente lo considerano un pericolo. Lo considerano invece il modo più semplice ed economico per fare lo "sballo", riempirsi cioè di qualcosa che permetta di disinibirsi e folleggiare.
La cultura dello sballo attraversa molti gruppi giovanili e porta con sé conseguenze spesso anche tragiche. Gli incidenti d'auto del sabato notte ne sono spesso una conseguenza che coinvolge anche chi lo sballo non lo fa affatto. L'alcol, iniziato così per gioco, come un rito per stare in gruppo, diventa facilmente una necessità perché questi ragazzini si accorgono che se bevono riescono a vincere la timidezza, riescono a farsi guardare, riescono a farsi sentire. L'alcol inoltre è ancora molto legato all'immagine di uomo forte, e bere significa allora essere forti. Questa abitudine dello sballo è in voga anche fra le ragazze, e anche se siamo portati a considerare l'alcol un problema prevalentemente maschile, questo non dovrebbe impedirci di accorgerci se anche nostra figlia esagera.
Se parliamo con loro la giustificazione di molti è che bevono solo, non si drogano, e perciò non ci vedono niente di male se dopo una settimana di fatica fanno lo sballo. Inoltre molti di noi genitori pensano che bere birra, perché è questa che prevalentemente bevono, non faccia poi così male. Manca la cultu-

condizionate dagli eventi ambientali sia in famiglia che fuori. Così i ragazzi costretti a lavorare, o ai quali viene permesso di scegliere di abbandonare gli studi a quattordici anni o giù di lì e lavorare, maturano prima, anche se in modo meno articolato, così esiste una differenza fra chi a diciannove anni sceglie il lavoro e chi prosegue ancora negli studi. Esiste ancora una differenza fra chi riesce a trovare lavoro e chi resta a lungo disoccupato. **In generale lo studio e la disoccupazione tendono a prolungare i conflitti e impediscono di**

ra e si sente spesso anche dire che il vino buono fa meno male, che bere annacquato è sano, che un caffè corretto non è bere ecc. Ricordiamoci che il problema è l'alcol, qualsiasi sia il modo in cui lo ingeriamo, e non solo per i pericoli che si possono correre da ubriachi, ma anche per il legame di dipendenza che poco alla volta si instaura. Se ci accorgiamo che c'è questo problema e che i nostri figli la domenica mattina hanno una faccia devastata, gli occhi rossi e lucidi, il desiderio di stare a letto, a pranzo mangiano poco e hanno vomitato, dovremo porci la questione se è un fatto veramente occasionale o è l'inizio di un'abitudine.

In ogni caso è utile che in casa si smetta di bere, tutti. È un provvedimento banale e spesso efficace, ma non è sempre così facile da prendere, perché c'è sempre qualcuno in famiglia che non capisce perché deve essere lui a sacrificarsi: cosa c'entra lui?

Il problema va poi affrontato direttamente col ragazzo per cercare di capirne la consistenza e le ragioni. A questa età può spesso bastare l'interessamento dei genitori, sincero e costruttivo, per correggere sul nascere un'abitudine sbagliata; quello che non si deve fare è fingere di niente, sperando che il problema si risolva da solo.

Nell'atteggiamento dei figli nei confronti dell'alcol è importante anche quello che si pensa in famiglia riguardo al problema generale dell'alcolismo, e in questo senso sarà utile dimostrare viva preoccupazione. Le motivazioni per cui si inizia e si continua a bere sono tante, non è qui il luogo per affrontarle, ma se ci accorgiamo che nonostante i nostri sforzi nostro figlio continua a eccedere nell'assunzione di alcolici, dovremo rivolgerci senza tanti indugi ai servizi per alcolisti delle ASL, dove ci aiuteranno a capire e ci daranno delle indicazioni su cosa fare.

**fatto la possibilità di essere e sentirsi realizzati, autonomi, indipendenti, grandi**. Purtroppo oggi questa è la situazione della maggior parte dei giovani, e la tendenza a rendere indispensabile il proseguimento degli studi sposta in avanti la soluzione di molti problemi dell'adolescenza. Dall'adolescenza si potrà allora uscire a qualsiasi età, e comunque ci porteremo dietro tratti adolescenziali per tutta la vita. Certo che più avanti si va, più diminuisce la vitalità e l'energia necessaria per dire la parola fine al processo adolescenziale. I primi a uscire dall'adolescenza sono i ragazzi che, abbandonati gli studi, affrontano presto il mondo adulto.

## I giovani lavoratori e i giovani disoccupati (15-18 anni)

La scuola dell'obbligo è stata prolungata di qualche anno; molti sono i motivi di questa novità legislativa, e uno di questi è individuabile nella necessità di portare i ragazzi più avanti nella crescita individuale, intesa come capacità di utilizzare al meglio le proprie potenzialità mentali. Si pensa cioè che a quattordici anni si sia ancora lontani dall'essere capaci di sfruttare la propria mente in modo adeguato e che la scuola, costringendo a qualche altro anno di studio, potrebbe consentire a tutti di completare la crescita indipendentemente dalla volontà di proseguire gli studi e di maturare meglio. **Da questo punto di vista appare chiaro che chi decide di sospendere gli studi tronca la propria adolescenza, la sacrifica per qualcosa d'altro**. Evidentemente non si parla di maturità in termini scolastici: infatti chi prende questa strada di disimpegno scolastico forse matura prima, come persona: riesce più precocemente a strutturarsi un modo di essere indipendente, stabile e socialmente adeguato.
Questi precoci ex adolescenti hanno, o acquisiscono in fretta, diverse caratteristiche peculiari rispetto agli altri che continuano gli studi. Dovendo confrontarsi con i problemi del mondo adulto spostano velocemente l'interesse verso un futuro concreto, che è quello obbli-

gato del lavoro o del cosa fare il giorno dopo. L'orizzonte del loro futuro si modifica, e nel futuro non trovano più quello che saranno o potranno diventare: cercano solo la soluzione dei loro problemi di vita contingenti.
**Quelli che riescono a trovare subito lavoro sono all'inizio soddisfatti e gratificati dallo stipendio e da ciò che quel denaro permette di fare. Molti lo versano più o meno totalmente in casa, e in conseguenza di ciò il loro ruolo in famiglia cambia** e si sentono importanti. Alcuni, soprattutto quelli che fanno gli artigiani, possono riuscire a migliorarsi e a guadagnare di più.
Gli altri, imprigionati nel salario mensile, dopo un po' si accorgono che il guadagno non è poi molto e diventano insofferenti. Assillati dai problemi concreti, non hanno pazienza e vorrebbero che il mondo potesse d'improvviso cambiare a loro favore.
**Il sentirsi affermati attraverso le cose concrete e non attraverso il miglioramento di se stessi si traduce in un maggior desiderio o attaccamento ai simboli dell'affermazione sociale come vestiti, auto, moto, gioielli ecc.** Probabilmente ciò è dovuto sia a una difficoltà nel credere in progetti personali proiettati nel futuro, sia a un tentativo di gratificazione compensatoria della frustrazione nei confronti dei coetanei che studiano e che forse stanno seguendo una strada migliore. Imparano a vivere e a lavorare per guadagni concreti e contingenti, e gli è difficile accostarsi a impegni che non prevedano rassicuranti vantaggi immediati: questa è infatti una capacità che si affina proprio con il progredire dell'iter scolastico.

Questi ragazzi dunque possono maturare prima, ma possono anche mettere le basi per maggiori insoddisfazioni future. Viviamo infatti in una società in cambiamento che richiede continui adattamenti e acquisizione di concetti durante tutta la vita. **A tutti i livelli è necessario essere informati e riprendere in mano i libri in ogni età della vita. Questo gli studenti iniziano a capirlo bene, i genitori meno.** I genitori spesso, troppo spesso, sono convinti che basti imparare un mestiere e via così per tutta la vita. No, non è più così. Ne sono la prova i corsi di formazione nelle materie più strane. A volte si ha l'impressione che ci sia ormai più gente che insegna che gente che lavora. E forse fra un po' sarà davvero così. Del resto riflettiamo: perché mai dovrebbero esserci tante scuole e corsi di aggiornamento per esempio per idraulici, meccanici, muratori, infermieri ecc. se non fossero divenute necessarie? Sì, necessarie, non per avanzare di carriera, ma per mantenere il posto!

E questo vento che ci sta modificando la vita lo vediamo anche in chi aveva deciso di smettere di studiare. Quelli che non sono riusciti a trovare lavoro, ma anche quelli che il lavoro ce l'hanno, ma che, dopo qualche anno, svanita la spinta dei primi soldi in tasca, si accorgono di non esserne soddisfatti, tentano di nuovo la via degli studi.

**Sono molti, sempre più, quelli che di anno in anno tentano, anche lavorando, faticosamente, molto più faticosamente di quello che avrebbero potuto fare qualche anno prima, di completare gli studi interrotti**. Di questi, coloro che hanno abbandonato per poca voglia di studiare inevitabilmente rimproverano ai genitori, a volte anche energicamente, di non averli costretti a continuare quando era il momento. Rimproverano ai genitori di non avere svolto il loro compito e di avere, solo perché era più comodo fare i liberali, e cioè per disinteresse, abdicato alle loro responsabilità naturali.

## L'ADOLESCENZA NON VISSUTA

La possibilità di vivere l'adolescenza non è sempre un fatto scontato. La famiglia spesso desidera che i figli non crescano, e alcuni di noi genitori lo dichiarano anche esplicitamente. Capita, e capita spesso, che forniamo tanti e tali vantaggi al rimanere bambini, dipendenti da noi, che riusciamo di fatto a impedire che il processo adolescenziale svolga il suo percorso.

Oggi in molte famiglie, anche indipendentemente dal reddito, si ri-

tiene che i figli non debbano soffrire, e si è disposti a cedere in tutto pur di evitare di vederli star male. Il bambino vissuto come il gioiello di famiglia, da coccolare e a cui spianare ogni difficoltà della vita, è soprattutto il primogenito o il figlio o la figlia unica. A fin di bene operiamo un ricatto: gli permettiamo una vita da re o da regine pur che facciano quello che desideriamo per loro.
Quelli che stanno al gioco crescono senza riuscire a formarsi una propria personalità, riescono a formarsi un corpo adulto, un'intelligenza brillante, ma dentro restano bisognosi di aiuto e incapaci di sopportare le sofferenze. Non si sono guardati dentro, non avevano bisogno di farlo, i vantaggi della rassicurante, generosa, comprensiva famiglia hanno evitato che dovessero risolvere quei drammi con se stessi e con gli altri che stranamente affliggevano i coetanei.
**Il non avere superato le frustrazioni all'età in cui c'era l'energia per poterle sostenere fa sì che, anni dopo, gli stessi problemi diventino ben più insopportabili e rendano visibile un'inaspettata incapacità a cavarsela da soli**. Così finiscono per scegliere, con un profondo senso di impotenza, il lavoro indicato dalla famiglia e il marito o la moglie gradita a mamma e papà. È la dimostrazione di dove può condurre l'egoismo di noi genitori.
In verità quando vogliamo evitare difficoltà ai nostri figli dovremmo sempre chiederci se siamo noi che non vogliamo soffrire o se pensiamo veramente che spianargli la strada sia rendergli un buon servizio.
Quante mamme si comportano così perché loro figlio o loro figlia gli fa pena! Tante volte l'aiuto sta invece nel soffrire per loro, nel soffrire al posto loro. È un messaggio importante di rispetto per chi cerca di impegnarsi in strade nuove, di rispetto per i suoi tentativi.
**Nella vita occorre imparare ad arrangiarsi: se ci fa pena chi prova ad arrangiarsi e cerchiamo di farlo al posto suo non gli consentiremo mai di imparare**. Poi, senza renderci conto di come per anni abbiamo agito, ci meravigliamo che, nonostante i nostri consigli, non sappiano affrontare ancora problemi e decisioni. Con spudora-

ta malafede, sotto sotto contenti perché abbiamo ancora una possibilità di controllo, allora, spacciandoci per buoni samaritani, interveniamo. Sappiamo anche che la nostra vita senza di loro dovrà cambiare, e forse l'essere convinti che senza di noi i ragazzi non ce la facciano ci rassicura. **La nostra difficoltà a mutare le abitudini e gli obiettivi di vita, a ricrearci un nuovo modo di essere dopo che i figli se ne andranno, ci spinge a far di tutto per mantenerli dipendenti da noi**. Per ostacolare cioè la loro adolescenza. Spesso è proprio il minore, l'ultimo che paga lo scotto di questo eccessivo amore e non riesce a uscire dalle sabbie mobili in cui inaspettatamente si è ritrovato.

In effetti l'eterna fanciullezza dei figli può garantire l'eterna giovinezza dei genitori. Tutto ciò è fatto quasi sempre assolutamente in buona fede, ma una volta che si è al corrente di questi problemi allora, forse, è opportuno modificare criticamente il proprio modo di fare del bene ai propri figli. L'adolescenza mancata, la sensazione di non averla vissuta, resterà in seguito come un buco nero di cui si cercherà la responsabilità e a trenta, quarant'anni, dopo qualche fallimento sentimentale o sul lavoro, si affaccerà l'idea di non avere avuto dei genitori adeguati. Può allora accadere che le tensioni con i genitori negate a sedici anni diventino in età successive profondo astio, se non odio.

☆ ☆ ☆

**Un altro aspetto è legato alla considerazione che i figli che non crescono sono anche una sicurezza per l'equilibrio della coppia**. Per anni fra coniugi ci siamo confrontati usando i figli come filtro, come giustificazione, come intercapedine che attutisce le difficoltà di coppia. Inconsciamente ci serviamo della loro presenza per evitare scontri aperti e conquistare margini di libertà personale che in una coppia senza figli non ci sarebbero. Tutto gioca a trattenere i figli in casa, per il loro bene, quando ormai dovrebbero da lungo tempo essere altrove.

## L'ADOLESCENZA CHE NON FINISCE MAI

Altri casi frequenti al giorno d'oggi, anzi frequentissimi, tanto che probabilmente diventeranno la nuova regola, sono **i ragazzi che iniziano normalmente e nei tempi giusti il loro sviluppo adolescenziale, ma poi non riescono a uscirne**, trovandosi a rinviare il periodo in cui dovranno fare gli adulti o perché non riescono più a vincere il timore delle scelte importanti, o perché la logica perversa della nostra società li convince che è bene attendere ancora.
Nel primo caso non riescono a considerare il diventare adulti maturi come una situazione di vita migliore di quella offerta dall'adolescenza e continuano la loro adolescenza all'infinito mai contenti dei piaceri e delle gratificazioni che riescono ad ottenere. Cercano, anzi vogliono, dal tempo libero momenti di benessere irrealistici, dal sesso godimenti idealizzati che non otterranno mai, dal lavoro vorrebbero solo soddisfazioni e mai il pericolo di una sconfitta, dal denaro la felicità dell'autoaffermazione, insomma cercano quello che non è possibile avere e sono perennemente scontenti, bambinoni intelligenti, insaziabili, inconcludenti, incapaci di trovare soddisfazione in quanto la vita può offrire.
**Vorrebbero che gli attimi di felicità che ognuno di noi riesce a godere fossero la norma, e non riescono a capacitarsi che non sia così**. Sono spesso il risultato delle eccessive aspettative dei genitori che li vedevano come coloro che dovevano arrivare nella vita a quei risultati che loro, i genitori, non erano riusciti a raggiungere. Questi ragazzi fanno proprie queste aspettative, e vorrebbero esaudirle, ma si rendono conto che l'attuazione è rischiosa, troppo difficile, forse impossibile per loro. Meglio non avventurarsi oltre e restare allora immaturi e sognatori insoddisfatti.

**Altri ragazzi, pur avendo superato bene le avventure adolescenziali, restano impantanati in un legame di concreta dipendenza economica dalla famiglia**. Questi possono avere un proprio modo

di essere, un proprio modo di pensare e un'autonomia psicologica, ma manca qualcosa. Manca la possibilità di rompere quell'ultimo legame. Spesso è il buon senso, la ragionevolezza frutto di una buona maturazione, che impedisce agli ultimi spunti di ribellione di prendere il sopravvento.
E si resta in casa, già grandi. Di anno in anno la vitalità di quando si aveva meno di vent'anni se ne va e ci si adatta a quanto, nel comune senso delle cose, è normale e giusto fare. Se non si hanno i soldi, se non si hanno terminato gli studi, se non si ha una persona con cui convivere perché si dovrebbe uscire di casa?
**Figli saggi, figli d'oggi che sanno che nella vita prima di fare un passo avanti occorre essere ben certi, figli abituati da noi genitori a pensare che si può fare qualcosa solo dopo avere finito, esaurito la tappa precedente**. E così per iniziare a lavorare devono aver finito di studiare, per sposarsi devono essersi sufficientemente divertiti da soli, per fare figli devono avere prima messo su casa, se non anche avere acquisito stabilità nel lavoro, e così via. Così gli anni passano e se manca il lavoro o se si rimane un po' indietro negli studi ci si ritrova senza accorgersene a trent'anni ancora al palo.

**Ma siamo sicuri che tante delle attività citate e altre non possano essere fatte in parallelo**, una contemporaneamente all'altra, e non obbligatoriamente in serie, una dopo l'altra? Siamo sicuri che non si possa avere una vita coniugale e divertirsi, siamo sicuri che avere dei figli significhi finire la giovinezza, siamo sicuri che che non si possa studiare e lavorare, studiare e sposarsi? I soldi, servono i soldi, occorre costruire su basi solide. Ma le generazioni precedenti cosa avevano fatto? Erano stati tutti dei fessi?
**La verità forse è che ci siamo abituati a vivere comodi** e a pensare in un modo che crediamo maturo, ma che è solo stupidamente egoistico; pensiamo che occorra sempre fare ogni passo attenti a proteggere la qualità della nostra vita e di conseguenza a evitare le scelte "incoscienti".

Il risultato è che si rimandano sempre più le tappe della vita e, nel nostro caso, l'entrata a pieno titolo nella vita adulta considerata come luogo dove si devono concretamente affrontare problemi di autonomia e responsabilità nei confronti della nuova famiglia. **Sempre più ragazzi di venticinque, trenta, anche quaranta anni, parcheggia in casa, maturi a metà, invischiati nel buon senso delle scelte giuste, e avvertendo lo svanire del coraggio adolescenziale**, si compiacciono dell'approvazione di chi apprezza la saggezza del loro comportamento.
Noi genitori siamo complici, se non artefici di tutto ciò: tutto sommato non ci dispiace affatto, ma non lo ammettiamo neanche a noi stessi, vederli aggirarsi ancora fra le stanze di casa, preparargli da mangiare, tenerli in ordine, soffrire con e per loro.

## In conclusione

L'adolescenza conclude il suo compito con l'assunzione di fatto delle responsabiltà adulte nei confronti di se stessi e del prossimo. Man mano che ciò accade si modifica anche il nostro rapporto con i figli e, senza accorgercene, attribuiamo loro sempre maggior fiducia. Poco alla volta inizieremo a chiedere loro consiglio, appoggio, o la semplice opinione. È il segnale che stanno maturando e che il rapporto sta diventando meno conflittuale, più alla pari. Anzi saremo tentati di affidargli sempre più responsabilità dentro e fuori casa. Questo avviene, seppur in modo meno evidente, anche per coloro che mantengono una dipendenza economica dalla famiglia. Già adulti e in grado di esprimere la loro autonomia non possono farlo per motivi contingenti.
Il rapporto di dipendenza economica verrà vissuto quindi in modo molto frustrante se noi genitori non riusciremo a sottrarre il denaro dai rapporti diretti con i nostri figli. Infatti la tentazione di utilizzare questo guinzaglio è molto forte quando si mettono in disaccordo

con noi. Ma gestire a questo modo il rapporto con un figlio venticinquenne o trentenne, per il resto ormai adulto maturo, può spingere a risentimenti profondi, ben più duraturi delle rabbie dei giovani adolescenti. Se possibile sarebbe opportuno trovare un modo asettico, per esempio tramite banca, per fare avere la somma a proprio figlio.

La spesa dell'operazione bancaria, a tipo ordine continuativo, non importa se per piccole somme, vale la possibilità di non incappare in inaspettati rancori. Per quanto maturo uno sia, infatti, il "chiedere l'elemosina" è sempre difficilmente sopportabile.

Il rispetto che loro si guadagnano noi dobbiamo accordarglielo, evitando di continuare a giocare ai genitori che hanno il coltello dalla parte del manico, anche perché non è più così.

I figli restano per sempre un po' adolescenti per lo meno fino a quando noi genitori restiamo in vita, così come lo siamo ancora noi che abbiamo ancora in vita i nostri genitori. Il legame profondo con mamma e papà rimane e con la maturità, passate le lotte giovanili, viene ripreso e rinforzato.

È però diverso il senso del rapporto che diviene protettivo e responsabile nei confronti di noi genitori seppur in un modo che spesso non comprendiamo proprio. Anzi ci disturba e protestiamo per la stessa intrusività e mancanza di rispetto della nostra autonomia, simile e opposto alla mancanza di rispetto dell'autonomia che noi avevamo per loro, i nostri stessi figli, quando loro erano adolescenti.

Potremo allora dire che hanno imparato e hanno attraversato l'adolescenza senza portarci rancore, avendo compreso il senso del nostro lavoro di genitori a quell'epoca. Quelli che invece non riescono a recuperare un sereno desiderio di amicizia e protezione nei confronti dei propri genitori probabilmente continuano ad esprimere nei loro confronti vecchi rancori, aspetti non risolti dei conflitti adolescenziali.

# QUALCHE NOTA SU COME GESTIRE I PROPRI GENITORI

- I genitori hanno grossissime difficoltà a capire le nostre ragioni e, se si sentono buoni, possono anche accondiscendere a ciò che non pensano, pur essendo straconvinti di avere ragione: magnanimamente sembrano darci retta. Cioè ci trattano da cretini. Questo non è colpa loro, ma è semplicemente dovuto al fatto che...
- i genitori non sono in grado di cambiare idee e comportamenti: così ce li siamo trovati, così ce li dobbiamo tenere. A una certa età le convinzioni diventano inattaccabili a qualsiasi critica, soprattutto se a criticare siamo noi che per loro siamo immaturi, non abbiamo esperienza, non sappiamo valutare bene le situazioni, siamo quelli che "cosa vuoi saperne tu?" e perciò...
- sprecare energie per convincerli che potrebbero vedere le cose anche dalla nostra parte è giusto, ma non dobbiamo disperarci se non riusciamo a far loro capire cose evidenti. Dobbiamo procedere a piccoli passi e convincerci che...
- sprecare energie per convincerli direttamente che è giusto uscire soli di sera è irragionevole, perché, se dicono di no, poi diventa molto più difficile fargli fare marcia indietro, mentre...
- è ragionevole convincerli che nostro zio, che lascia uscire di sera nostra cugina, è una persona intelligente, e poi sfruttare la naturale competizione che c'è fra parenti per avere un primo piccolo vantaggio. E perciò...
- è ragionevole e moralmente corretto cercare una soluzione possibile per riuscire a uscire di sera senza sprecare inutilmente energie, solu-

zione che quindi può anche non essere quella di porsi in scontro diretto, bensì di gestire e aggirare il problema. Ricordiamoci che...

☞ i genitori ritengono di agire per il bene dei figli e non si accorgono di agire anche e forse soprattutto per il proprio bene: i genitori sono egoisti. I genitori desiderano solo non preoccuparsi e sentirsi bravi con la coscienza a posto. In verità hanno tanta paura e...

☞ i genitori giocano sempre d'azzardo quando ci impongono la loro volontà, giocano sulla nostra convinzione che sono loro i più forti. Loro sanno che non è vero, ma noi no. In verità farebbero di tutto per noi e non ci abbandonerebbero mai, se solo avessimo il coraggio di provare! Da soli poi sono meno forti e...

☞ se vogliamo ottenere qualcosa di importante è sempre meglio evitare di parlare a mamma attraverso papà o viceversa. Se vogliamo ottenere qualcosa di eccezionale dobbiamo comportarci in modo inusuale, che i genitori riconoscano come anomalo: il colloquio diretto padre-figlio e madre-figlia è di solito un evento eccezionale e come tale degno di particolare rispetto: è sicuramente difficile, ma se abbiamo la capacità di farlo otteniamo dieci volte di più che attraverso il giro di comunicazioni abituale. Impariamo così che...

☞ gestire i propri genitori significa dosare la nostra presenza e comunicare con loro in tempi e modi adatti per evitare che dicano dei no prima ancora che possiamo spiegarci e provare a indurli a fare quello che desideriamo. Gestirli significa anche far loro accettare poco alla volta altre nostre necessità, per esempio che...

☞ l'utilizzo del telefono è una necessità adolescenziale purtroppo non sempre ben vista. Per telefonare liberamente è consigliabile evitare l'ora di pranzo e di cena, per le telefonate in arrivo ridurre il volume della suoneria. La suoneria, più ancora della stessa telefonata, è vissuta dai genitori come l'avviso della prevaricazione (uso non autorizzato del telefono). In effetti non è il problema economico il vero motivo dell'ostilità nei confronti del telefono, ma spesso è solo la gelosia, il fatto che si sentono valutati meno del telefono. Possiamo però illuderli di controllarci indossando...

☞ i vestiti di mamma e papà possono essere indossati previo loro coinvolgimento nelle nostre drammatiche necessità: può essere utile suggerire loro di comprarsi qualcosa d'altro al posto di quelli che gli usiamo. Se abbiamo la faccia tosta adatta, loro staranno al gioco: in fondo ci guadagnano un vestito nuovo e gli diamo l'occasione di immedesimarsi in noi più giovani di loro. Anche se si arrabbiano molto, non sono poi scontenti se gli sottraiamo di tanto in tanto qualche indumento, con i dovuti limiti, però. Meno semplice può essere approdare a...

☞ il motorino deve essere una necessità, e per avere chance che ce lo comprino dovremo coltivarci i genitori per un certo periodo rassicurandoli sulla nostra prudenza e facendo attenzione a non esprimere ammirazione per le prodezze in moto di quell'amico o quell'altro. Dopo il motorino è possibile che tentiamo di approdare a...

☞ l'automobile di papà è un bene prezioso che va utilizzato col pieno: occorre convincere il genitore del nostro rispetto per la sua auto (che lui considera parte di sé), rientrare sempre dieci minuti prima, soprattutto se sappiamo che ci aspetta, raffreddare il motore negli ultimi due chilometri, raffreddare anche la nostra testa negli ultimi due chilometri, essere vestiti decentemente quando saliamo sulla sua amata vettura. Tale comportamento può essere mantenuto per un numero di volte sufficiente a consolidare la fiducia che viene riposta in noi. Ma quello che più facilmente ci permette di ottenere qualcosa da loro è...

☞ studiare è da sempre ritenuto indice di "bravi ragazzi" e come tali si può ottenere di più, se si ha il coraggio di chiedere. Imparare a studiare a volte significa solo non vergognarsi, non sentirsi a disagio nel ripetere a voce alta. In casa un'ora di studio a voce alta vale per i genitori come otto ore di studio silenzioso. Anzi, stanchi di sentire ripetere possono loro stessi invitare i figli a uscire (togliersi dai piedi). In ogni caso lo studio è anche carattere, costanza e capacità di soffrire: anche questo vederci soffrire stimola nei genitori benevolenza nei nostri confronti. È assolutamente da evitare invece abituarli, per chi ne è portato, al fatto che andiamo sempre bene. Ciò potrebbe incastrarci a dover andare sempre bene e illudere i genitori di avere un genio in famiglia. Idea questa che potrebbe condizionarci sgradevolmente non solo l'adolescenza, ma tutta la nostra vita. Ma lo studio, che ci dicono essere il nostro lavoro, ci condiziona anche la serenità a scuola e allora...

☞ non dobbiamo vivere lo studio sempre in difesa, facendo barricate. A scuola le interrogazioni vanno gestite: dobbiamo imparare a venderci bene. Per riuscire in un'interrogazione è senza dubbio importante sapere qualcosa, ma è anche importante sapere quali sono i punti deboli di quell'insegnante: anche l'insegnante è un essere umano, difficilmente conosce bene tutta la sua materia, è fallibile, pieno di problemi e sensibile alle adulazioni, se ben fatte, e ha i suoi pallini. Se cerchiamo di affrontarlo non in difesa, ma con l'obiettivo di farci valutare meglio di quanto siamo convinti di meritare, saremo già molto avvantaggiati: dobbiamo cercare di sapere non solo cosa ci chiederà, ma anche e soprattutto se è più vantaggioso essere seri o allegri, vestiti in un modo o nell'altro, cercare di parlare sempre o limitarci alle singole risposte date con sicurezza (anche se tiriamo a indovinare), se è possibile portarlo sull'argomento che conosciamo meglio o che lui preferisce, se è meglio guardarlo negli occhi o abbassare leggermente lo sguardo sulla sua bocca o sul collo ecc. Quello che non dobbiamo fare è imporre quelle nostre caratteristiche che sappiamo in partenza ci abbasseranno la valutazione, guardare in basso o disperatamente i compagni in cerca di aiuto, bidonare gli insegnanti senza preoccuparci di essere scoperti (atteggiamenti spavaldi in onore dei compagni che non tengono conto che gli insegnanti sono molto permalosi e hanno il potere), chiedere pietà perché non abbiamo studiato. Tutto ciò è pesante da porre in atto, ma se ci pensiamo bene questi suggerimenti sono molto simili a quelli che ci daranno i profe stessi quando affronteremo la commisione d'esame per le prove di diploma, quando cioè loro stessi si sentiranno in gioco. Per studiare decentemente è inoltre importante avere un luogo dove studiare e allora...

☞ perché la nostra stanza venga rispettata occorre evitare di lasciare la porta aperta, avere un cassetto, grande, dove riporre in disordine e con la giusta energia i vestiti, evitando che siano esposti alla diretta vista della mamma. Occorre anche concordare l'area che la mamma può pulire e chiarire gli eventuali divieti. Alcuni divieti posticci, come per esempio un cassetto dove non terremo nulla di importante, deve servire a consentire alla mamma di credere di trasgredire aprendolo. Sarà anche necessario, in accordo con i nostri eventuali fratelli, attaccare alla porta una scritta che ne identifichi la proprietà. Se non abbiamo una stanza sarà...

- ☞ il nostro angolo: deve esserci e dobbiamo difenderlo strenuamente in quanto è un baluardo a protezione della nostra persona. Le eventuali arrabbiature e ripicche genitoriali avranno facilmente come obiettivo il presunto disordine del nostro posto, e così non ci attaccheranno direttamente. D'altra parte noi potremo ampliarci impossessandoci di tutte le cose di casa, partendo appunto dalla nostra roccaforte. In essa potremo ritirarci, quando...
- ☞ per evitare che parlino dei fatti nostri in modo sconveniente e in nostra presenza in pubblico non dobbiamo guardarli con aria sofferente e drammatica, altrimenti possono sentirsi ancor più investiti del ruolo genitoriale. È più utile tacere e girarsi per andarsene, fargli fare cioè brutta figura comportandoci scortesemente: si arrabbieranno, ma la volta successiva ci penseranno due volte prima di parlare di noi. E così...
- ☞ per troncare una discussione con un genitore che sta diventando sgradevole o una in cui stiamo soccombendo è utile fare scena muta, sedersi e guardare oltre il proprio interlocutore. Nel momento in cui ci sentiremo chiedere: "Mi ascolti, cosa stai pensando?" esprimeremo il desiderio di riprendere il discorso il giorno dopo. Il giorno dopo dovremo riprenderlo in un momento più favorevole a noi, per esempio dopo pranzo o assieme a qualcosa di meritorio per noi, o in presenza di qualcuno che ci possa dare una mano. Dobbiamo farlo, se no il giochetto non funzionerà altre volte. L'alternativa è...
- ☞ se ci arrabbiamo sempre, otterremo solo il risultato di permettere ai genitori di agire come vogliono, ritenendo che non si possa parlarci. Se ci arrabbiamo e la cosa è eccezionale, i genitori saranno perplessi e disposti a venirci incontro, ritenendo che la cosa sia più grave di quello che pensavano. In ogni caso...
- ☞ se abbiamo bisogno di qualche soldo in più, spesso non osiamo chiederlo temendo ci vengano rinfacciate le nostre presunte spese irragionevoli, che ci dicano che buttiamo via il denaro guadagnato col sudore della loro fronte. In fondo non hanno poi sempre torto, anche se non si ricordano più di come loro, i genitori, hanno fatto esperienza anche nello spendere! Una tattica utile in questi casi è di spendere ogni tanto un po' dei nostri risparmi, o la paghetta settimanale, o co-

munque il denaro che riusciamo a ottenere, per acquistare cose che in casa passano come segno di maturità e buon senso. Per esempio un indumento di quelli che piacciono alla mamma e che non indosseremo mai, o un libro di quelli seri, o l'entrata a una mostra o a un museo, o l'iscrizione a un corso di inglese, o comunque qualcosa che faccia pensare ai nostri genitori che siamo dei ragazzi coi piedi per terra. Basta poco anche perché questo è quello che i genitori desiderano fortissimamente credere. Poi ci daranno con molta più facilità qualche soldo in più, fiduciosi, e se riusciremo a continuare ogni tanto a fare tra le "nostre spese" anche qualche spesuccia di "buon senso", ne avremo sicuramente grandi vantaggi. In questa e in tante altre situazioni ricordiamoci che...

☞ è sempre utile gestire singolarmente mamma e papà e giocare sui loro piccoli disaccordi; giocare sui grandi disaccordi, se ci sono, è pericoloso e non vale la candela. Ottenuto il risultato opportuno si possono riunire gratificandoli, basta un bacio per la loro bontà: ci credono sempre!

☆ ☆ ☆

Proseguire con altri suggerimenti potrebbe creare un po' troppi problemi. I genitori, tutti gli altri e il mondo amano essere gestiti, e sono i giovani che devono imparare a farlo e scoprire da soli come fare. Dobbiamo imparare come essere leali e onesti pur facendoci spazio, affermando i nostri doveri per poter affermare i nostri diritti.
Forse non è sbagliato pensare che il presumere che gli altri ci capiscano e ci diano spontaneamente quello che noi crediamo sia giusto (i nostri diritti) è il massimo della megalomania e della presunzione. Non solo, ma esprimono più aggressività e rabbia coloro che attendono che gli vengano riconosciuti i loro meriti piuttosto di quelli che vanno avanti a testa alta cercando attivamente di farsi largo.
Farsi largo è il compito degli adolescenti che devono conquistare il loro posto al sole.

# BIBLIOGRAFIA

ABRAHAM G., *Le età della vita*, A. Mondadori Editore, Milano 1993

BALDASCINI L. (a cura di), *Le voci dell'adolescenza*, Franco Angeli, Milano 1995

BETTELHEIM B., *Un genitore quasi perfetto*, tr. it. di BOTTINI A., Feltrinelli, Milano 1987

CANESTRARI R., *Psicologia generale e dello sviluppo*, CLUEB Editrice, Bologna 1984

COLECCHIA N. (a cura di ), *Adolescenti e prevenzione*, Il Pensiero Scientifico Editore, Roma 1995

D'AGOSTINI G., *Depressione, malinconia e mania*, Demetra, Verona 1995

D'AGOSTINI G., *Occhi limpidi e curiosi*, Demetra, Verona 1998

DI MARCO G.(a cura di), *Adolescenze*, UPSEL Editore, Padova 1993

PAS BAGDADI M., *Cari genitori per aiutare vostro figlio…*, Franco Angeli, Milano 1995

PETTER G., *Problemi psicologici della preadolescenza e dell'adolescenza*, La Nuova Italia Editrice, Firenze 1968

MARCELLI D., BRACONNIER A., *Adolescenza e psicopatologia*, IV ed. it. a cura di AMMANITI M. E NOVELLETTO A., Masson, Milano 1996

SEMI A.A., *Trattato di psicoanalisi - teoria e tecnica*, Raffaello Cortina Editore, Milano 1988

SEMI A.A., *Trattato di psicoanalisi - clinica*, Raffaello Cortina Editore, Milano 1989

TELLESCHI R, TORRE G. (a cura di), *Il primo colloquio con l'adolescente*, Raffaello Cortina Editore, Milano 1988

VAN DEN BROUCK J., *Manuale a uso dei bambini che hanno genitori difficili*, tr. it. di VITTORINI A., Raffaello Cortina Editore, Milano 1993

Finito di stampare nel mese di giugno 1999
presso Giunti Industrie Grafiche S.p.A.
Stabilimento di Prato